簡牘檢署考校注

王國維 原著

胡平生 馬月華 校注

乙巳正月 劉紹剛 題耑

增訂本

上海古籍出版社

圖書在版編目（CIP）數據

簡牘檢署考校注 / 王國維原著 ； 胡平生，馬月華校注. -- 增訂本. -- 上海 ： 上海古籍出版社，2025. 5.

ISBN 978-7-5732-1482-9

Ⅰ. K877.54

中國國家版本館 CIP 數據核字第 2025J89M01 號

簡牘檢署考校注
（增訂本）

王國維　原著

胡平生　馬月華　校注

上海古籍出版社出版發行

（上海市閔行區號景路 159 弄 1-5 號 A 座 5F　郵政編碼 201101）

（1）網址：www.guji.com.cn

（2）E-mail：guji1@guji.com.cn

（3）易文網網址：www.ewen.co

山東韻傑文化科技有限公司印刷

開本 890×1240　1/32　印張 9　插頁 5　字數 144,000

2025 年 5 月第 1 版　2025 年 5 月第 1 次印刷

ISBN 978-7-5732-1482-9

K·3788　定價：68.00 元

如有質量問題,請與承印公司聯繫

序

在學術研究業已充分發展和細化的現代，每一門學科，甚至學科的分支，都有其若干"經典"性的著作。這些著作原是該學科的前驅，奠立了學科的方法和基礎，從而爲涉及該學科領域的人們所必讀。對於當前成爲學術界熱門之一的簡牘學（或略加擴大稱簡帛學）來説，王國維先生的《簡牘檢署考》就是這樣一種著作。

竹木質的簡牘，至少自殷商以來，便是中國人書寫使用的載體，直到紙的發明和普及，歷時逾兩千年。隨着朝代的興亡，世事的更替，大量簡牘文書與書籍湮埋地下，藴藏了無限的奧秘。19 世紀末 20 世紀初，一些外國學者至中亞探險，進入中國西部，發現並帶走了不少珍貴的漢晉簡牘，引起國人強烈的憤慨情緒。幸而有學者在對這些材料的研究中，取得了突過外人的成績，《簡牘檢署考》這一名作正是顯例。

《簡牘檢署考》與羅振玉、王國維合著的《流沙墜簡》至爲表裏。《簡牘檢署考》針對簡牘實物的新發現，廣征博引，就文獻所見簡牘制度做了系統的梳理，爲簡牘發現的整理研究準備了前提。這項十分重要的工作，不僅促成了《流沙墜簡》考釋的成功，而且給後來所有簡牘學的研究樹立了良好的開端。

和王國維其他著作一樣，《簡牘檢署考》言簡意賅，雖只十數頁，卻能貫通經史，體現出作者深厚的學術功力。因此，我們繹讀這一著作，想深入體會吟味其中的主旨，很需要有學者詳加解讀注釋。注解這樣"經典"性的作品，當然不是簡易的事，沒有簡牘學以及文獻學的足够積累，是不可以率爾操觚的。

由中國文物研究所胡平生、北京大學圖書館馬月華兩位撰寫這部《簡牘檢署考》的校注，在我看是再合適沒有了。胡平生先生多年從事簡牘的整理研究，如阜陽雙古堆漢簡，等等，是學術界熟悉的，近期又擔當長沙走馬樓吳簡的工作，成果尤爲卓著。他在文獻研究方面，也有許多論作，有重要創見，可謂在簡牘、文獻兩方面都具備難得的經驗修養。馬月華碩士則出於北大李家浩先生門下，是這一學科的新起之秀。他們合作的《簡牘檢署考校注》，自然是值得推薦的。

《簡牘檢署考校注》這部書的長處，首先在於對王國維原著進行了詳盡準確的校讎和注解，使之成爲《簡牘檢署考》的最善本，便利於讀者。過去談到這一類性質的注本，很多人推尚周予同先生注釋的《漢學師承記》，胡平生、馬月華二位的這部書，我以爲足以與之比美。

本書開首的導言，實際是一篇内容豐富的學術論文。特別應當注意的有其中兩點：

一點是對《簡牘檢署考》著作背景的敘述。古人治史重在知人論世，評價學術著作要將之置於當時歷史背景中考察，確實是學術史研究必須遵循的準則。導言介紹了王國維寫書的經歷及其本人思想演變的過程，進而述及當時學術界以至國際漢學的狀況，使讀者對《簡牘檢署考》的産生及其意義有清楚的了解。

再一點是對《簡牘檢署考》的内容，根據近年新發現的大量簡牘，作了重要的補充。王國維限於歷史條件，並没有對簡牘實物直接接觸，那時已經出現的簡牘在數量和種類上也頗有限。在其故世之後，尤其是到了近二三十年，簡牘出土的衆多，内涵的豐富，已非前此所能想象。《校注》導言提供的資料和觀點，可説將《簡牘檢署考》的工作大爲擴展了。

希望讀者不要錯過這樣一部好書。

李學勤

2004 年 8 月 24 日

再版前言

一眨眼，我們的《（王國維）簡牘檢署考校注》出版已經20年了，上古決定再版，我們也感到高興。不過，讓我們更看重的是，此書得到了讀者的廣泛認可。據我們所知，此書在高校中最受文史類專業同學的歡迎，讀者最多。一位高校老師告訴我說，他自費買了幾十本書送給學生，覺得對學生入門簡牘學，大有裨益。韓國學者金慶浩更將此書譯爲韓文出版，被傳爲中韓簡牘學界交流的美談。

進入21世紀以來，我國大地上簡牘的出土呈現出突飛猛進之勢，有人稱之爲"井噴式增長"。下面的表格是我們對荆州博物館趙曉斌、荆州文物保護中心方北松研究員、湘潭大學周海鋒教授、長沙文物考古研究所羅小華研究員等學者統計的2000年至2024年全國各地出土簡牘的資料的綜合，在此謹致謝忱。

2000年至2024年全國各地出土簡牘數量統計表

出土時間（年）	出 土 地	年代	數 量
2000	隨州孔家坡 M6	漢	約 800 枚
2000	陝西省歷史博物館藏傳武都縣趙家坪（實爲敦煌漢簡）	漢	12 枚

出土時間 （年）	出　土　地	年代	數　量
2002	湘西龍山里耶鎮一號井	秦	3 萬枚（有字簡 1. 8 萬枚）
2002— 2004	荆州印臺 9 座漢墓	漢	竹木簡 2300 餘枚、木牘 60 餘方
2002	日照海曲 M106	漢	木牘 4 枚、竹簡 39 枚
2003	長沙走馬樓西漢遺址 J8	漢	有字簡 2635 枚
2003	荆州黄山墓葬	秦漢 之際	竹簡 81 枚，木觚 9 枚
2003— 2004	郴州蘇仙橋 J4/J10	吳、晉	吳簡 140 枚 晉簡 909 枚
2004	南京皇册家園建築工地	吳、晉	40 餘枚
2004	長沙東牌樓 J7	東漢	206 枚
2004	天長紀莊墓葬 M19	漢	34 枚
2004	荆州紀南城松柏村 M1	漢	木牘 63 枚
2004	廣州南越王宫署遺址	漢	100 餘枚
2006	雲夢睡虎地墓葬 M77	漢	2137 枚
2006	南昌火車站站前廣場墓葬	東晉	2 枚
2007	荆州謝家橋墓葬 M1	漢	208 枚
2008	永昌水泉子墓葬 M5	漢	700 餘枚
2010	長沙五一廣場 J1	東漢	6862 枚

續　表

出土時間 （年）	出　土　地	年代	數　量
2011— 2012	長沙尚德街 9 口古井	東漢	257 枚
2012	成都天回漢簡	漢	930 枚
	荆州刘家臺漢墓地	漢	木牘 1 枚
2013	益陽兔子山遺址	戰國至 秦漢	15000 枚
2014	荆州夏家臺戰國墓	戰國楚	97 枚
	隨州周家寨戰國墓葬	戰國楚	2465 枚
	湘鄉三眼井	戰國楚	9000 枚
2015	渠縣城壩遺址西漢遺址	漢	200 枚
	荆州望山橋戰國墓	戰國楚	15 枚
	南昌海昏侯刘賀墓漢簡	漢	5262 枚
	揚州西漢墓	漢	15 枚
	長沙坡子街古井 J5	秦	122 枚
2016	荆州鳳凰地墓葬	漢	木簡 33 枚，木牘 1 枚
2017	青島土山屯墓葬	漢	33 枚
	荆州枕頭臺子墓葬	漢	木牘 2 枚
2018	荆州胡家草場墓葬	漢	4636 枚，木牘 6 枚
	太原漢代墓葬	漢	600 枚

續　表

出土時間（年）	出　土　地	年代	數　量
2019	荆州棗林鋪戰國墓葬	戰國楚	565 枚
	荆州龍會河戰國墓葬	戰國楚	324 枚
2020	寧波文化遺産研究院藏餘姚西漢遺址出土	漢	3 枚
2021	荆州王家嘴戰國墓葬	戰國楚	800 枚
	雲夢鄭家湖墓地	戰國秦	2 枚
2022	晉寧河泊所遺址	漢	10000 枚
2023	郴州臨武渡頭遺址	三國吳	10000 枚
	荆州秦家嘴戰國墓葬	戰國楚	1500 枚
	重慶武隆遺址	漢	23 枚
	長沙朝陽巷遺址	秦末漢初	200 餘枚
2024	長沙坡子街遺址	漢	30 餘枚

　　以上簡牘合計約 10 萬枚。從海外搶救回來的幾批簡有：上海博物館藏戰國簡、嶽麓書院藏秦簡、清華大學藏戰國簡、安徽大學藏戰國簡、北京大學藏秦簡、北京大學藏漢簡。這些簡的總數也有數萬枚之多，有如此之多的素材，我們的簡牘學研究具有多麽雄厚紮實的物質基礎啊！

　　王國維寫作《簡牘檢署考》，是憑藉着他對文獻典籍的熟稔，勾稽爬抉，考證了古往今來的簡牘制度。他對文獻典籍爛熟於心的掌握，是我們今天的學者無法比擬的。王國維撰寫此文時，所見簡牘實物並不很多，但他已十分敏感地注意到斯坦因在西北的發掘所獲的重要價值。而近幾十年來大量數以十萬計的出土簡牘實物，完全改變了考察簡牘、研究簡牘制度的"生態環境"。簡牘文物詳實的考古學資料是如此之多，如此豐富，這就極大地成就了今天的簡牘研究；也就是說，近幾十年來學術界之所以能夠在簡牘制度研究方面取得如此豐碩的成果，乃仰賴於大量出土的簡牘爲物質基礎。所以，我們今天再來探討、研究、論述簡牘制度，具有王國維完全沒有的資料優勢。今人必須重視，必須珍惜。

本書的增訂部分已指出，根據出土的簡牘實物，對簡牘制度研究有許多突破性的進展和成果。例如，關於簡牘長度的認識，現在我們所知道的知識，不僅不是王國維作"分數""倍數"論猜想時的情景，甚至也完全不是 20 年前的情景了。還有，我們在"補充"裏特別提到的簡牘制度"三大發現"：簡牘刻齒、簡册背劃綫、簡側墨綫。如果没有出土簡牘實物，這都是完全不可想象的，再大的天才也想不出來的！所以，我們對那些誣言從海外搶救回來的清華簡、北大秦簡、北大漢簡是"僞簡"的人説，就憑着簡册一條背劃綫，"僞簡"説就足以破産！

簡牘發現與研究熱度還在不斷上升，"冷門不冷"，現在簡牘學已經成爲"顯學"。在現在簡牘類的出版物呈現暴熱的

情形下，我們這本 20 年前的書增訂再版，當然不是爲了趕時
髦。我想這本老書也許可以給今天的學者提個醒，可以多了解
一點簡牘學的學術發展史吧！

目　　録

校注説明

一、本書原文以通行的上海古籍書店 1983 年 9 月出版《王國維遺書》第九册所載《簡牘檢署考》爲依據，校注中稱爲"遺書本"。

二、本書利用中國國家圖書館善本部收藏的王國維 1912 年改定的《簡牘檢署考》手稿第四稿（定稿）和 1914 年首次發表在《雲窗叢刻》裏的中文稿，對原文進行了核校。校注中分别稱爲"手稿本"和"雲窗本"。原文文字有疑問處，在校注中加以説明。

三、《簡牘檢署考》引書甚博，校注基本上都核對了所引原著。引書首次出現時，注出出版社、出版時間等出版信息，此後再次出現，爲求簡明，不再贅引，請參見書後所附《徵引書目一覽表》。

四、前儒引書多不嚴格，或括取大意，或於前後、中間有删節增飾，王國維也是如此。有些引書的異文，也可能是所據版本的不同造成的，但現在已無法弄清王氏所依據的版本。爲幫助讀者理解文義，校注儘量將引文比較完整地抄録出來，並寫出校記。

五、原文引書卷次、作者案語及自注，皆爲雙行小字。今改以單行排出，並加括弧表示。

《簡牘檢署考》導言

　　1912 年，寓居日本的王國維撰寫了《簡牘檢署考》。這篇論文從 1912 年春開始寫作，經過多次增補修訂，直到秋季才定稿。論文的初稿，當時就由日本學者鈴木虎雄譯爲日文，在京都文學會的雜誌《藝文》上連載，刊登在第三年之第 4、5、6 號上。5 月 31 日，王國維又將《補正》抄好寄給鈴木，請他翻譯出來，一併刊出。所以，《藝文》第 6 號上別有《補正》一節。《簡牘檢署考》的中文稿反而是到 1914 年纔刊登在《雲窗叢刊》中的。現在保存在中國國家圖書館（下簡稱"北圖"）善本部的王國維《簡牘檢署考》第四稿手稿中，有這樣一段"後記"，記述寫作經過：

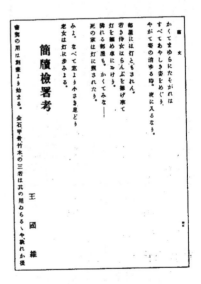

《簡牘檢署考》首先被譯爲日文，發表在日本雜誌《藝文》第三年之 4、5、6 號上。

壬子季秋朔日第四次寫定。國維

此稿日本鈴木學士虎雄譯爲日文，登諸壬子年《藝文》雜誌者乃未改定之本，夏間復增補若干條定爲此稿，歲暮聞法國沙畹教授方研究斯坦因所得古牘，復寫一本遺之。

1914 年，《簡牘檢署考》發表在《雲窗叢刊》上。

這段"後記"應當是兩次寫成的。第一段中的"壬子季秋朔日"爲 1912 年 10 月 10 日，這是王國維最後寫定《簡牘檢署考》的日子。第二段可能是年底時寫的，他說明在 1912 年的夏天曾增補修改文稿。現在，北圖善本部也收藏有《簡牘檢署考》第二稿的手稿。我們推想，王國維的《簡牘檢署考》可能一共寫過五遍。第一稿大概是交給鈴木虎雄去翻譯了，另外還有一稿，有可能是抄送羅振玉了。到 1912 年底，他又抄了一遍寄給了沙畹。

王國維撰寫《簡牘檢署考》有兩個背景，一是他於 1911 年冬離開北京到了日本，改變了舊日文學、詞曲及西洋哲學與美學研究的方向，而將重心轉向國學研究，學術眼光大爲

拓展。二是受到斯坦因和橘瑞超西域探險發掘簡牘資料的
啓發。

一、《簡牘檢署考》寫作背景

王國維是隨同羅振玉一起到日本的。1911 年 10 月 10 日
武昌起義爆發，一時政局動蕩。日本京都西本願寺寺主大谷光
瑞派其駐北京的代表寺僧邀請羅振玉東渡日本，京都大學羅振
玉的朋友也力勸羅振玉到日本，並爲他安排了住所。11 月初，
羅振玉與王國維及羅振玉的女婿劉大紳（劉鶚之子）三家共
20 多人，由天津乘坐一艘小型貨船“溫州丸”前往日本。航
行一週到達神戶，日本友人已經爲他們在京都西郊吉田山下的
田中村租好住房，三家人相鄰而居。後來，羅振玉在淨土寺町
購地數百坪，建造了一座小樓，稱爲“永慕園”。不久又修建
了一座藏書樓，命名爲“大雲書庫”。王國維則遷往相去不遠
的吉田神樂岡八番地居住。羅振玉旅日，帶了 50 萬卷圖書、3
萬多片甲骨、數千件碑拓、青銅器及其他文物 1 千多件。這批
圖書文物，最初存放在京都大學，而後轉移至大雲書庫。王國
維去國遠行，沒有經濟來源，一家的生活都由羅振玉負責，作
爲報答，他和羅振玉一道，對這批圖書文物進行整理。就在這
時，王國維開始了他的國學研究。

這是王國維第二次到日本。1901 年 1 月 21 日，王國維得
到羅振玉的資助，曾到日本留學四個月，後因病回國。十年後

再到日本，王國維已年逾三十，經歷了近十年的"獨學時代"，[①] 在詞曲文學、西洋哲學美學方面，都有了相當的造詣。此時他受到羅振玉的影響，學術方向轉向了小學、古史與出土文獻。羅振玉後來在文章中記述道："至是予乃勸公專研國學，而先於小學、訓詁植其基，並與論學術得失，謂尼山之學在信古，今人則信今而疑古。國朝學者疑古文《尚書》，疑《尚書》孔注，疑《家語》，所疑固未嘗不當，及大名崔氏著《考信錄》，則多疑所不必疑，至今晚近變本加厲，至謂諸經皆出僞造。……公聞而懼然，自懟以前所學未醇，乃取行篋《靜安文集》百餘冊，悉摧燒之……其遷善徙義之勇如此。公居海東，既盡棄所學，乃寖饋於往歲予所贈諸家之書。"[②] "本朝經史考證之學冠於列代。大抵國初以來，多治全經，博大而精密略遜。乾嘉以來，多分類考究，故較密於前人。予在海東，與忠愨論今日修學宜用分類法，故忠愨撰《釋幣》《胡服考》《簡牘檢署考》皆用此法。"[③] 這些話裏或許有自矜、誇大的成分，但畢竟讓我們從一個側面了解到王國維到日本後轉變學術方向及學習乾嘉學派治學方法的情形。王國維 1912 年所

---

① 王國維《三十自序》："留東京四五月而病作，遂以是夏歸國。自是以後，遂爲獨學之時代矣。"見王國維《靜庵文集續編·自序》，《王國維遺書》第五冊，上海書店 1983 年據商務印書館 1940 年長沙石印本《王靜安先生遺書》影印，共 16 冊。

② 羅振玉《海寧王忠愨公傳》，見《清代碑傳全集》，頁 1780 上，上海古籍出版社，1987 年。

③ 羅振玉《集蓼編》，《羅雪堂先生全集》續編第二冊，頁 760，臺灣文華出版公司，1969 年。

作《送日本狩野博士游歐洲》詩有"君山博士今儒宗，亭亭崛起東海東。……我亦半生苦泛濫，異同堅白隨所攻。多更憂患閱陵谷，始知斯道齊衡嵩。夜闌促坐聞君語，使人氣結回心胸"句，[①] 這顯然是對自己以往治學面過於寬泛，一頭鑽進西洋哲學的學術道路的回顧與檢討；他經歷清王朝一旦崩潰的陵谷之變後，來到日本，聽到日本漢學家的談話，看到他們的造詣和成就，終於認識到國學研究的重要。這一表述與羅振玉的話的主旨是相吻合的。

社會環境的變更，學術趣味的轉換，令王國維與日本、歐洲漢學家交流頻繁，或移書論學，鴻雁往還；或贈詩投文，酬唱應對。當時，京都是日本漢學的中心，名流薈萃，與他交往的有內藤虎次郎、狩野直喜、鈴木虎雄、富岡謙藏、川口國次郎、久野元吉、隅田吉衛等著名學者，並有正在整理出土簡牘與敦煌文書的法國漢學家沙畹、伯希和等。1910 年，羅振玉從旅歐回國的朋友處得知沙畹正在考釋研究斯坦因從新疆、甘肅發掘所獲漢晉簡牘，羅振玉到日本後給沙畹寫信，希望能够得到有關簡牘資料。王國維也在寫完《簡牘檢署考》後，謄抄一份寄給沙畹，希望能够從他那裏獲得新出土的簡牘資料，將這項研究繼續深入下去。這些交往後來促成了《流沙墜簡》

---

① 《王國維遺書》第四冊，《觀堂集林》卷二四。"君山"是狩野直喜的字。"異同堅白"，用哲學概念喻指曾入迷數年的哲學研究。"更"，經歷。"陵谷"，典出《詩·小雅·十月之交》，"高岸爲谷，深谷爲陵"，以地形高低變動，喻人世間形勢地位的變化。"斯道"，指國學研究。"衡嵩"指南嶽衡山與中嶽嵩山，比喻國學研究的重要。

的編撰出版。羅振玉和王國維在日本也見到了京都西本願寺的
大谷西域探險隊在新疆發掘所獲簡牘。從這些事實可以看到，
羅振玉和王國維對這些新發現的文書及簡牘材料是極爲關心和
重視的。

19 世紀末，西方探險家紛紛來到中亞及中國新疆進行
"探險"活動。1900 年，英籍匈牙利人斯坦因在塔克拉瑪干沙
漠中的古遺址盜掘到數百枚簡牘。1901 年，瑞典人斯文赫定
在羅布泊西岸的古代城址内進行盜掘，獲得數百件簡牘殘紙文
書。他們所獲得的簡牘殘紙經歐洲漢學家解讀，發現其中一個
地名就是被流沙掩埋了一千七百餘年的古國樓蘭。這一重要的
發現震動了歐洲。1907 年，斯坦因又來到敦煌，在長城烽燧
遺址盜掘到數百枚簡牘。斯坦因又在莫高窟從看管寺廟的道士
王圓籙處賄買了大批文物，計有古寫本卷子一萬多卷，絹畫五
百多幅，裝了四十多頭駱駝外運。1908 年，法國漢學家伯希
和也來到敦煌，重金賄賂王道士，進入藏經洞中精選六千多件
古寫本卷子，二百多幅絹畫，劫掠而歸。後來，日本京都西本
願寺寺主大谷光瑞組織的西域探險隊的僧人橘瑞超等，也在新
疆吐魯番與樓蘭遺址等地盜得簡牘殘紙資料等大量文物。這些
重要的考古發現及大量的珍貴文物外運，對中國學者刺激很
大。1909 年，王國維在東文學社的老師藤田豐八曾將英國
《地學協會雜誌》寄給他，其中就有斯坦因關於中亞探險的講
演稿，王國維譯爲《中亞探險記》，後刊入《敦煌石室遺書》
附錄《流沙訪古記》中。也是在 1909 年，伯希和帶着部分敦

煌唐人寫本和文物來到北京，想找中國學者共同研究討論敦煌
卷子和文物的有關問題。他在蘇州胡同賃屋住下，聽人介紹說
在學部任職的羅振玉對文物鑑定與研究很有造詣，便輾轉請
托，求見羅振玉。9 月 28 日中秋節，羅振玉帶着王國維等來
到蘇州胡同伯希和的住所。當羅振玉等見到伯希和帶來的敦煌
石室寫卷等珍貴文物和在敦煌拍攝的照片時，大爲驚詫，認爲
這些文物都是中國的稀世珍寶。羅振玉從伯希和處借出了十幾
種古寫本，拍了照。不久，羅振玉、王國維整理這些資料編印
了《敦煌石室遺書》《石室秘寶》等書。後來，羅振玉又爲收
繳留存在藏經洞內的卷子做出很大的努力。羅振玉、王國維大
概也會從伯希和處了解到較多的斯坦因從樓蘭、尼雅等古遺址
中盜掘漢晉簡牘的事。我們相信，這次與伯希和的會見，對
羅、王影響甚大。關於斯坦因盜掘簡牘之事，羅振玉在《流
沙墜簡序》中寫道："予聞斯坦因博士訪古於我西陲，得漢晉
簡册，載歸英倫，神物去國，惻焉疚懷。"中國的知識分子首
先爲自己沒有能保住這些"神物"而惻然神傷，滿懷愧惡。
這一定是羅振玉、王國維的共同感受。難得讚許別人的魯迅先
生 1922 年曾稱讚王國維說："中國有一部《流沙墜簡》，印了
將有十年了。要談國學，那才可以算一種研究國學的書。開首
有一篇長序，是王國維先生做的，要談國學，他才可以算一個
研究國學的人物。……當假的國學家正在打牌喝酒，真的國學
家正在穩坐高齋讀古書的時候，沙士比亞的同鄉斯坦因博士卻
已經在甘肅、新疆這些地方的沙磧裏，將漢晉簡牘掘去了；不

但掘去，而且做出書來了。"① 拿魯迅先生這些話衡量王國維的《簡牘檢署考》，也是同樣恰當的。正如王國維的友人沈曾植所說："此書雖短短十數葉，然非貫通經史者不能爲也。"② 事實上，王國維在看到法國沙畹對斯坦因盜掘新疆、甘肅簡牘的考釋稿後就曾表示過"其中頗存不愜意處"。他在撰寫《簡牘檢署考》時，提到了"匈牙利人斯坦因於敦煌西北長城址所得木札"，"斯坦因於于闐所得書牘"及"日本橘瑞超所得於吐峪溝者"，這表明他對當時最新的學術動向是非常清楚的，他用自己的論文《簡牘檢署考》證明，中國學者雖然沒有能夠在簡牘發掘方面着先鞭，"做出書來"，但是在研究方面卻是最爲傑出的。實際上王國維是以自己的研究表達一種中國知識分子的歷史責任，一種對西方探險家攫取祖國文物雖然無奈卻並不認同的情緒。

二、《簡牘檢署考》的成就與意義

《簡牘檢署考》的成就，當然首先是闡明了中國古代簡册的制度。正如余嘉錫先生所說："考書册制度者，《詁經精舍文集》中有汪繼培、徐養原《周代書册制度考》，金鶚《漢唐以來書籍制度考》（亦録入《學海堂經解》《經義叢鈔》），其文皆略而不詳。其後有葉德輝《書林清話》中《書之稱册》

---

① 《熱風·不懂的音譯》，《魯迅全集》第 1 卷，頁 398，人民文學出版社，1981 年。
② 見袁英光等《王國維年譜長編》，頁 86，天津人民出版社，1996 年。

《書之稱卷》《書之稱本》《書之稱葉》數篇，及日本人島田翰《書册裝潢考》（在《古文舊書考》中）、法人沙畹《紙未發明前之中國書》（馮承鈞譯本）諸篇，皆不免有舛誤。至近世王静安先生作《簡牘檢署考》（在《雲窗叢刻》及《王忠愨遺書》中），而後簡策之制大明。"① 李學勤先生也曾評價説："王國維先生在 1912 年，以大半年時間，四易其稿，著成《簡牘檢署考》一卷，主要依據新發見簡牘實物與文獻記述，互相印證，創獲甚多，妙義紛呈。"② 但是《簡牘檢署考》的成就與意義還不僅在此。王國維是學術大家，目光敏鋭，他能够始終站在學術的前沿，看準學術發展的方向。今天，當歷史走進 21 世紀，中國境内出土的簡牘數量超過了二十萬片，簡牘學已經成爲一門顯學，我們重温《簡牘檢署考》，會有一種別樣的感受。王國維寫作《簡牘檢署考》時，"簡牘學"還是孕育在母腹中的胎兒。《簡牘檢署考》就是而後逐漸萌生的"中國簡牘學"的奠基石，它爲一門新學問的誕生進行了理論與文獻的準備。雖然當時出土簡牘的數量不多，王國維親眼所見者更是有限，但我們如今讀起這篇論文來，都不能不爲作者淵博的知識，縝密的考證，敏鋭的眼光，嶄新的思維，科學的方法而感到折服。

---

① 《余嘉錫論學雜著·書册制度補考》，頁 539～540，中華書局，1963 年。括弧内原爲雙行小字。
② 錢存訓《書於竹帛：中國古代的文字記録》之李學勤《序》，上海書店出版社，2002 年。

　　王國維對自己的研究也是充滿自信的。這種自信首先來自新材料的發現。王國維在這篇論文中首先試驗實踐了後來被歸納爲“二重證據法”的研究新方法，即他後來在《古史新證·總論》中所説的“吾輩生於今日，幸於紙上之材料外，更得地下之新材料。由此種材料，我輩固得據以補正紙上之材料，亦得證明古書之某部分全爲實録”。陳寅恪在總結王國維的“學術内容及治學方法”時第一條就是“取地下之實物與紙上之遺文互相釋證”。1914 年 6 月，王國維執筆代羅振玉撰寫了《國學叢刊序》，其中提到地下新材料的出土與學術研究的關係：

　　　　自頃孟陬失紀，海水橫流，大道多歧，小雅盡廢。番番良士，劣免儒硎；莘莘胄子，翻從城闕。或乃舍我熊掌，食彼馬肝，土苴百王，粃糠三古，閔父知其將落，宣聖謂之不祥，非無道盡之悲，彌切天崩之懼。然而問諸故府，方策如新，瞻彼前修，典刑未沫。重以地不愛寶，天啓之心，殷官太卜之所藏，周禮盟府之所載，兩漢塞上之牘，有唐壁中之書，並出塵埃，麗諸日月。芒洛古冢，齊秦故墟，絲竹如聞，器車踵出。上世禮器之制，殊異乎叔孫；中古衣冠之奇，具存於明器。並昔儒所未見，幸後死之與聞，非徒興起之資，彌見鑽求之亟。①

————————

①　王國維《觀堂集林》卷二三《國學叢刊序》，《王國維遺書》第四册。

大量出土的地下文物，包括甲骨、金文、簡牘、敦煌文書等等，都是以往的學者所沒有見到過的珍寶，而後來者有幸獲得這些資料，正是開展深入研究的絕好的條件。1914 年 7 月 17 日，王國維在與羅振玉一同將斯坦因在樓蘭、尼雅及敦煌等地發掘所獲漢晉簡牘編爲《流沙墜簡》後，給繆荃孫寫信説道："此事關係漢代史事極大，並現存之漢碑數十通亦不足以比之。東人不知，乃惜其中少古書，豈知紀史籍所不紀之事，更比古書爲可貴乎。考釋雖草草具稿，自謂於地理上裨益最多，其餘關乎制度名物者亦頗有創獲，使竹汀先生董操觚，恐亦不過如是。"① 竹汀先生即著名的乾嘉學者錢大昕。王國維很有信心地表示，由於有出土資料爲依據，在歷史地理及文物制度的考據方面，與錢大昕不相上下。這既是王國維對自己研究工作的評估，更是對簡牘資料重要價值的稱道。

1925 年，王國維應清華大學學生會的邀請，給學生作了一場題爲《最近二三十年中中國新發見之學問》的講演。他説：

古來新學問起，大都由於新發見。有孔子壁中書出，而後有漢以來古文家之學。有趙宋古器出，而後有宋以來古器物、古文字之學。惟晉時汲冢竹簡出土後，即繼以永嘉之亂，故其結果不甚著然。同時杜元凱注《左傳》，稍後郭璞注《山海經》，已用其説。……然則中國紙上之學

① 《王國維全集·書信》，頁 40，中華書局，1984 年。

問賴於地下之學問者，固不自今日始矣。自漢以來，中國
學問上之最大發現有三：一爲孔子壁中書，二爲汲冢書，
三則今之殷虚甲骨文字、敦煌塞上及西域各處之漢晉木
簡、敦煌千佛洞之六朝及唐人寫本書卷、内閣大庫之元明
以來書籍檔册。此四者之一已足當孔壁、汲冢所出，而各
地零星發見之金石書籍，於學術有大關係者尚不與焉。故
今日之時代，可謂之發見時代，自來未有能比者也。①

值得注意的是，王國維在這裏提到的"殷虚甲骨文字、敦煌
塞上及西域各處之漢晉木簡、敦煌千佛洞之六朝及唐人寫本書
卷"，後來都發展成專門的學科，即甲骨學、簡牘學、敦煌學
等等。王國維過人的預見眼光和高瞻遠矚的洞察力的確令人
欽佩。

王國維《簡牘檢署考》所論簡册制度，其最重要的論點
在後來數十年的時間裏，被學術界概括爲"分數、倍數"説，
即：（1）古策長短皆爲二尺四寸之分數。最長者二尺四寸，其
次二分而取一，其次三分取一，最短者四分取一。周末以降，
經書（六經）之策皆用二尺四寸，禮制法令之書亦然。其次
一尺二寸，《孝經》策長一尺二寸，漢以後官府册籍、郡國户
口黄籍皆一尺二寸。其次八寸，《論語》策長八寸。其次六
寸，漢符長六寸。（2）牘之長短皆爲五之倍數。最長爲檠，長

---

① 《静庵文集續編·最近二三十年中中國新發見之學問》，《王國維遺書》第
五册。

三尺；其次爲檄，長二尺；其次爲乘驛之傳，長一尺五寸；其次爲牘，長一尺。天子詔書一尺一寸，魏晉後又有一尺二寸、一尺三寸、二尺五寸等多種詔書版牘。又其次爲門關之傳，長五寸。

應當説，這是王國維對文獻所載記録和當時所見實物的高度的理論概括，他非常善於從紛繁瑣碎的資料中尋找出帶有規律性的特點來，"分數、倍數"説新奇可喜，讀來令人感到耳目一新。其後，"分數、倍數"説被言及簡牘制度的學者奉爲圭臬。

三、簡牘制度再研究

《簡牘檢署考》廣采文獻所記，詳考簡册版牘之制度，成就是衆所公認的。但是，由於當時出土簡牘實物還不很多，數量品類都不够豐富，王國維所能見到者更加有限，要廣泛利用出土資料討論簡册制度，還有一定的困難。

自王國維撰寫《簡牘檢署考》後，由於簡牘實物出土日漸豐富，爲討論簡牘制度提供了大量的材料。許多學者都很注意利用出土資料深入研究簡牘制度，重要的論著有：1. 1939年，傅振倫著《簡策説》（《考古》社刊 6 期）。2. 1957 年、1960 年勞榦分別發表《居延漢簡》圖版、考釋之部（史語所專刊二十一、四十）。3. 1964 年，陳夢家著《實物所見簡牘制度》（《武威漢簡》，文物出版社），此文後來收入作者《漢簡

綴述》中（中華書局，1980 年）。4. 1973 年，錢存訓著《中
國古代的簡牘制度》（《中國文化研究所學報》6 卷 1 期）。
5. 1976 年、1980 年，臺灣學者馬先醒撰《簡牘通考》、《簡牘
學要義》（《簡牘學報》第四、七期），1993 年又寫《簡牘制
度之有無及其時代問題——附商王國維著〈簡牘檢署考〉》
（《國際簡牘學會會刊》一號）。

　　這幾篇論著，傅文寫作早，可以利用的材料仍然比較少。
美國芝加哥大學圖書館中文部主任錢存訓先生的原著是英文，
1962 年出版，着重在向西方介紹中國文化，錢著在世界各國
受到高度重視，對於傳播紹介中華文化，功不可没。① 錢著在
第五章《竹簡和木牘》之《簡牘的形式》一節中說：“古代簡
牘的長度似有一定的規律，因其用途和重要性而異。”“漢代
木牘的尺寸，皆爲五寸的倍數，而戰國竹簡則爲二尺四寸的分
數。其不同的原因，大約是‘六’及其倍數爲晚周及秦的標
準單位，而‘五’則爲漢制。”② 很清楚，錢著的記述源出於
《簡牘檢署考》。

---

① 錢著原名《Written on Bamboo and Silk: The Beginnings of Chinese Books and
Inscriptions》，1962 年由芝加哥大學出版社出版。1975 年，中文版據周寧森譯
稿修訂，定名爲《中國古代書史》，香港中文大學出版社出版。1988 年，由
鄭如斯增補，改名爲《印刷發明以前的中國書和文字記録》，北京印刷工業出
版社出版。1996 年，臺北漢美圖書公司據增補本出版繁體字修訂本，改名
《書於竹帛》。1980 年，出版日文本，1990 年，出版韓文本。2001 年，我應
邀到芝加哥大學訪問，承蒙 90 高齡的錢先生賜給繁體字版及韓文版大著，藉
此謹致謝忱。
② 《書於竹帛》，頁 82~83，上海書店出版社，2002 年。

　　陳夢家先生的文章是他整理《武威漢簡》的報告以及多年來研究簡牘的總結，共分爲《出土》《材料》《長度》《刮治》《編聯》《繕寫》《容字》《題記》《削改》《收卷》《錯簡》《標號》《文字》《餘論》等十四節，是繼王國維之後對簡牘制度研究貢獻最大的論著。關於簡冊長度，《簡牘檢署考》引《鹽鐵論·詔聖篇》"二尺四寸之律"，認爲應合周制三尺，陳文根據居延漢簡中的"詔書目録"（甲編2552）長67.5釐米，適爲漢三尺，修正了王説。而漢人所述經典簡冊的長度，都是漢尺二尺四寸。武威出土《儀禮》簡，甲本平均長度爲55.5~56釐米之間；丙本長56.2釐米，以23.3釐米當一漢尺，二尺四寸應爲55.92釐米，甲本、丙本皆爲經，故長二尺四寸。乙本長50.5釐米，合漢尺二尺一寸半。乙本爲傳，所以較短。武威日忌簡及"王杖十簡"皆長23釐米，合一漢尺。簡之最短者，如長沙楊家灣出土戰國竹簡72枚，長僅13.5釐米，當漢尺六寸。陳文認爲，對出土經典簡冊長度的分析，實際上肯定了王文的理論。

　　馬先醒先生先後發表的論文，對王國維的觀點似乎有些徬徨。他曾指出："迄今爲止，言簡牘制度者，王國維仍然首屈一指，其簡牘理論，既博大又精深。"在具體分析中，馬文注重以大量的出土資料爲稽考簡牘制度的素材，質疑"簡牘制度之有無"，他將所有材料羅列一通，感到"案之出土實物，時屬先秦者，多不如此，簡之長度自75釐米至13.2釐米，雜然並陳，甚爲隨意，似無制度可言"。於是，他指出，王氏之

“分數、倍數説”“值得商榷”。他也注意到“簡牘制度隨時代而推移嬗變”，他認爲，“《簡牘檢署考》最值商榷之處”是王國維以爲鄭玄“並未親見六經策”。按照馬文所列資料，本來似乎可以對王説加以修正補訂，然而，1993 年馬文的結語卻認爲，王説“雖創自八十年前簡牘實物初現之時，然迄今仍爲簡牘學方面之重要定律”。

1999 年，連雲港博物館長劉洪石先生發表《從東海尹灣漢墓新出土簡牘看我國古代書籍制度》，① 文中説：“簡策究竟應當多長，也好像没有形成一定的制度”，“古籍的記載以及王國維根據文獻所考證出來的並不確切”。像這樣主要根據尹灣漢簡資料便徹底推翻古籍的記載與王文的意見，恐怕是不妥的。

筆者也曾長期關注簡册制度的問題，先後寫過《阜陽漢簡〈詩經〉簡册形制及書寫格式蠡測》和《簡牘制度新考》兩篇小文。② 應當説，當我們今天再來討論簡牘制度時，條件比 20 世紀初王國維寫《簡牘檢署考》時材料要豐富得多。我們完全有可能站在巨人的肩上，將簡册制度的研究向前推進一步。

我們認爲，王文當然是近代簡牘學最重要的理論著作，

---

① 《從東海尹灣漢墓新出土簡牘看我國古代書籍制度》，署名劉洪。中國文物研究所等編《尹灣漢木簡牘綜論》，頁 163~168，科學出版社，1999 年。

② 《阜陽漢簡〈詩經〉簡册形制及書寫格式蠡測》，見《阜陽漢簡詩經研究》，頁 90，上海古籍出版社，1988 年。《簡牘制度新考》，《文物》2000 年第 3 期。

《簡牘檢署考》中所引述的文獻資料至今仍然是一切討論簡牘制度的論著的基本素材，幾乎無人再能從古書中鈎稽出更多的實質性的材料來了。唯所論之簡牘長短之制，經過幾十年來出土簡牘實物加以驗證，結果發現並不存在如王文所說的自周秦至隋唐一以貫之、且放之四海而皆準的"分數、倍數"制度。然而，倘因此而完全否定王文，認爲簡牘"無制度"，亦屬偏頗。實際上，王文中另有一句不大被人注意的話，即"以策之大小爲書之尊卑"，這才是簡牘制度的"重要定律"。現在，我們要利用出土材料闡發這一觀點，對簡牘形制的規律重新加以探索。這裏的關鍵是，不能將一切簡牘一鍋燴，而須按照簡牘不同的種類、性質及時代，分別排列，先分爲卜筮祭禱與遣册、文書、書籍、律令四類；按時代先後分爲戰國楚，秦，漢，三國吳、魏，晉及晉以後加以討論。我們還注意到，出自墓葬的簡牘，有可能是爲了隨葬而特意製作、謄抄的"副本"，並不一定是實用的正本簡册，其制度可能與實際應用的簡牘有所不同；還有，其他的書籍、文書也可能存在這種情形，即官方頒佈的簡册與民間自製的抄本形制各不相同，這就給我們利用出土實物討論簡册制度帶來了更加複雜的因素。不過，這個問題目前只能點到爲止，深入的討論有待於新資料的發現。限於篇幅，這裏僅討論王文中所說一般的簡牘，不包括符傳、封檢、籤牌（楬）等其他用作書寫材料的竹木製物件，也不討論封泥、印章及編聯等制度。

四、戰國楚及秦漢墓遣册：
以主之尊卑爲策之大小

　　戰國楚墓中出土的遣册有 13 組，即湖南長沙五里牌 M406、仰天湖 M25、河南信陽長臺關 M1、江陵望山 M2、藤店 M1、天星觀 M1、隨州曾侯乙墓、荊門包山 M2、江陵雞公山 M48、秦家嘴 M99 以及湖北老河口和黄州等，大多是科學發掘所獲，有較詳的墓葬形制及墓主身份資料，儘管有些簡因殘斷而無法復原，從保存尚好的遣册的長短形制看，可以說戰國楚墓遣册的長短之制顯然與墓主之尊卑有關。戰國楚墓中還出土一些卜筮祭禱簡，似乎也是以主之尊卑定策之長短的。

表一：楚墓出土遣册長度一覽表

	墓　葬	内　容	長　度	説　明
1	江陵天星觀 M1	卜筮祭禱簡與遣册	長 64~71 釐米	
2	信陽長臺關 M1	遣册	長 68.5 ~ 69.5 釐米	
3	荊門包山 M2	卜筮祭禱簡與遣册	長 59.6 ~ 72.6 釐米	
4	江陵望山 M2	遣册	長 64.1 釐米	
5	江陵望山 M1	遣册	長 52.1 釐米	
6	長沙仰天湖 M25	遣册	長 22 釐米	

續 表

	墓 葬	内 容	長 度	説 明
7	長沙楊家灣 M6	遣册	長 13.5 釐米	每簡兩字,疑是遣册
8	江陵馬山磚廠 M1	疑爲遣册①	長 11 釐米	
9	隨州曾侯乙墓	遣册	長 72~75 釐米	

江陵天星觀 M1 是一座一椁三棺大型墓,墓口南北長 41
米,東西寬 37.2 米,四壁有十五層臺階,有六墓室,墓主是
楚之封君邸易君番勅。信陽長臺關 M1 是三椁二棺大墓,墓道
斜長 17.3 米,墓口東西長 14.5 米,南北寬 12.3 米,有四層
臺階,填白膏泥,有龐大的椁室,分爲七個墓室,有豐厚的隨
葬品,包括成組的樂器鼓瑟編鐘等,腰坑葬一鹿。墓主可能是
大夫身份的貴族。荆門包山墓是三椁二棺大墓,墓道斜長
32.8 米,墓口東西長 34.4 米,南北寬 31.9 米,有十四層臺
階,腰坑殉葬一山羊,墓主是上大夫一級的貴族邵㲋。江陵望
山 M2 是一椁三棺中型墓,墓道斜長 11.2 米,墓口東西長
11.84 米,南北寬 9.43 米,有三層臺階,墓主是一名五十多
歲的女性,當是貴族邵氏家族成員。望山 M1 是一椁二棺中型
墓,墓道斜長 17.7 米,墓口東西長 16.1 米,南北寬 13.4 米,

---

① 此簡應是親友爲死者饋贈物品的遣册簡(賵),陳夢家《由實物所見漢代簡
牘制度》説"此漢尺六寸的簿册,《説文》所謂專或算,乃是妝奩册或算
籌",恐非是。見《漢簡綴述》,頁 291,中華書局,1980 年。

有五層臺階，墓主是楚國王族、悼王曾孫悉固。長沙仰天湖 M25 是二棺二槨墓，墓道已殘，墓坑南北長 4.62 米，東西寬 3.36 米。長沙楊家灣 M6 是一棺一槨墓，墓道已殘，墓口南北 長 3.66 米，東西寬 2.66 米。江陵馬山磚廠 M1，隨葬雖有大 量絲織品，但僅是一小型土坑豎穴墓，竹簡似爲死者親友饋贈 物品記録，文曰"□以一縐衣見於君"。此簡最爲短小。隨州 曾侯乙墓簡不是楚墓，但墓中器物竹簡文字皆爲楚系文字，又 有楚王饋贈的編鐘，墓主是曾（隨）國的國君，當爲楚國之 附庸，因此也附在楚墓中討論。此墓是岩坑豎穴墓，平面呈不 規則多邊形，墓口東西最長 21 米，南北最寬 16.5 米，有積炭 和青膏泥，有大型槨室，分爲四墓室，一槨二棺，有陪葬棺二 十一具，全爲女性，殉狗棺一具。遣册最長的簡達 72 釐米， 如以 23.1 釐米爲戰國時一尺計算，約當三尺一寸許，是這一 組遣册中最長的簡，與其身份相合。①

　　秦漢以降，遣册長短，似乎已有一定之規。與楚墓獨用編 簡作爲遣册不同，秦漢常用木制方板。《儀禮·既夕禮》曰： "知死者贈，知生者賻。書賵於方，若九若七若五。書遣於 策。"鄭玄注："方，板也。書賵奠賻贈之人名與其物於板， 每板若九行，若七行，若五行。""策，簡也。遣，猶送也。" 可知"賵方"與"遣册"功用相同。

----

① 本文涉及的歷代尺度都根據《中國古代度量衡圖集》（文物出版社，1984 年） 所載古尺資料推算，下同。

表二：秦漢墓出土遣册長度一覽表

	墓　葬	内　容	長（寬）度	説　明
1	江陵揚家山秦墓 M135	遣册竹簡	長 22.9 釐米	
2	雲夢大墳頭漢墓 M1	遣册木牘	長 24.6 釐米，寬 6.1 釐米	
3	江陵張家山漢墓 M247	遣册竹簡	長 23.1 釐米	
4	盱眙東陽漢墓 M7	木牘	長 23.3 釐米，寬 4.2 釐米	
5	海州西漢霍賀墓	遣册木牘	長 22 釐米，寬 6.5 釐米	
6	荆州蕭家草場漢墓 M26	遣册竹簡	長 23.7~24.2 釐米	
7	江陵鳳凰山漢墓 M167	遣册木簡	長 23 釐米	
8	江陵鳳凰山漢墓 M168	遣册竹簡	長 24.2~24.7 釐米	
9	鹽城三羊墩漢墓	遣册木牘	長 22.8 釐米，寬 3.5 釐米	
10	馬王堆漢墓 M1	遣册竹簡	長 27.6 釐米	
11	馬王堆漢墓 M3	遣册木牘	長 27 釐米	
12	海州西漢侍其繇墓	遣册木牘二	長 23 釐米，寬 7.5 釐米	

	墓　葬	内　容	長（寬）度	説　明
13	貴縣羅泊灣漢墓 M1	遣册木牘	長 38 釐米，寬 5.7 釐米	從器志
14	同上	遣册木牘	殘長 29 釐米，寬 4.9 釐米	東陽田器志
15	同上	遣册木牘	長 25.2 釐米，寬 4.8 釐米	
16	江陵高臺漢墓 M18	遣册木牘	長 23.1 釐米，寬 5.7 釐米	
17	東海尹灣漢墓 M2、M6	遣册木牘數塊	長 23 釐米，寬 6 釐米	一爲贈錢名籍
18	儀徵胥浦漢墓 M101	遣册木牘	長 23.3 釐米，寬 7.5 釐米	衣物帳
19	海州網疃莊東漢墓	遣册木牘	長 23 釐米，寬 6.7 釐米	
20	荆州關沮蕭家草場漢墓 M26	遣册竹簡	長 23.4 釐米	
21	香港中文大學文物館藏簡	遣册竹簡	長 20~21.5 釐米	

　　上述資料表明，秦漢遣册，一般長度在 23 釐米左右，約爲一漢尺。（出土兩漢古尺實物一尺長 22.6~24.08 釐米間。）香港中文大學文物館藏簡之遣册竹簡僅長 20~21.5 釐米，比較短小，但没有出土資料，無從判斷墓葬規格及墓主情況。馬王堆 M1 竹簡遣册較長大，長達 27.6 釐米，M3 遣册長 27 釐

米，皆約當漢尺一尺二寸；羅泊灣 M1 遣册長達 38 釐米，約爲漢尺一尺六寸。考其原因，可能仍與身份之尊卑有關。馬王堆 M1 墓主是長沙國軑侯，地位顯赫；M3 墓主是軑侯之子，地位也高於常人，他們的遣册因此而超乎常人。羅泊灣 M1，規模巨大，地表有高大的墳丘，墓中有斜坡式的墓道，墓室有前、中、後三室，十二個槨箱，槨室底板下有七個殉葬坑，殉葬七人。報告據《從器志》記甲、矛、盾、弩、矢等兵器推測墓主爲擔任過武職的官吏。從墓葬規模看，恐墓主具有相當高的地位，即使當時有遣册長一尺的制度，而羅泊灣地處偏僻，所謂天高皇帝遠，很可能墓主或親屬在葬儀方面有意僭制，所以遣册也長達 38 釐米。

三國孫吳時期的遣册有：南昌陽明路吳高榮墓木牘，遣册長 24.5 釐米，寬 9.5 釐米，厚 1 釐米。同墓所出銀釘竹尺，長 24.2 釐米，故此牘仍是一尺之制。

晉遣册簡：南昌東湖區晉墓 M1 木牘，遣册長 26.2 釐米，寬 15.1 釐米，厚 1.2 釐米。魏晉後，尺度有加長趨勢，同墓出土一木尺爲 24.5 釐米。東湖晉牘長 26.2 釐米，約合一尺七分，基本上仍是一尺之制。

武威旱灘坡 M19，前涼升平十三年遣册木牘長 27 釐米，寬 11.5 釐米，新疆阿斯塔那 M22 出土前涼木尺一尺長 24.5 釐米，據此則牘長約合一尺一寸，稍長於他墓遣册，蓋此墓墓主身份較高，同墓所出"拜官板"，拜"駙馬都尉""奮進將軍"，亦合"以主之尊卑爲策之大小"之原則。

五、文書簡册：以事之輕重爲策之大小

與遣册相比，文書簡册的情形似乎更複雜一些，因爲文書的種類較多。我們現在將"文書"主要定位于公私書信及文告、簿籍。

表三：楚墓文書簡長度一覽表

	墓　　葬	内　容	長　　度	説　明
1	荆門包山 M2	法律文書竹簡	長 55.2 釐米	集箸
2	常德夕陽坡 M2	文書竹簡二枚	長 67.5~68 釐米	賞賜記録
3	江陵磚瓦廠 M370	司法文書竹簡	長 62.4 釐米	案例

值得注意的是，包山墓的法律文書簡册 55.2 釐米短於同墓所出、長度爲 59.6~72.6 釐米的卜筮祭禱簡與遣册簡，可能是在墓主的心目中這些文書不如卜筮祭禱簡與遣册簡更爲重要。但是這個長度約當戰國古尺二尺四寸，可見秦漢文獻所記册長二尺四寸者，淵源有自。江陵磚瓦廠 370 號楚墓竹簡 4 枚，記司法案例，與包山簡的司法文書性質相近。這個長度相當於二尺六七寸，可知也是非常重要的文書。夕陽坡墓簡簡文爲："越湧君嬴迻其衆以歸楚之歲，屈屎之月己丑之日，王居於戚郢之遊宫，士尹□王"，"之上與愿折王之愳造遜尹吕逯以王命賜舒方御歲禄"。從內容看，似爲楚王給予臣屬賞賜記

録的文書，這當然也是非常重要的，它的長度比曾侯乙墓遣册
（72～75 釐米）、江陵天星觀 M1 遣册（64～71 釐米）、信陽長
臺關簡遣册（68.5～69.5 釐米）稍短，但仍長於江陵望山 M2
遣册長（64.1 釐米）。我們認爲，這裏體現了一種"以事之輕
重爲策之大小"的原則。這種原則在秦漢以後仍然實行着。

　　出土秦漢簡牘中文書所占的比重最大。試看下表所列簡牘
情況。

表四：秦漢文書簡牘長度一覽表

	墓葬或遺址	内　容	長（寬）度	説　明
1	雲夢睡虎地秦墓 M4	木牘家書	長 23.1 釐米，寬 3.4 釐米	秦始皇廿四年
2	天水放馬灘秦 M1	邸丞告書竹簡	長 23.5 釐米	
3	睡虎地秦墓 M11	《語書》	長 27～27.5 釐米	
4	同上	《爲吏之道》	長 27.5 釐米	
5	同上	《法律問答》	長 25.5 釐米	
6	同上	《封診式》	長 25.2 釐米	
7	同上	《編年記》	長 23 釐米	
8	雲夢龍崗秦末墓 M6	木牘法律文書	長 36.5 釐米，寬 3.2 釐米	鞫獄之辭
9	長沙馬王堆漢墓 M3	木牘告地書	長 25 釐米，寬 3.3～3.5 釐米	

	墓葬或遺址	内　容	長（寬）度	説　明
10	儀徵胥浦漢墓 M101	簡册遺囑文書	長 22.3 釐米	《先令券書》
11	同上	竹簡借錢契約記録	長 36.1 釐米	原稱記賜錢事
12	邗江胡場漢墓 M5	木牘 13 塊	長 23 釐米，寬 3.5~7 釐米	記神靈、書信、日誌
13	甘谷劉家坪東漢墓	奏書簡册	長 23 釐米	宗正府卿劉柜奏被侵
14	武威五壩山漢墓 M5	木牘私文書	長 25 釐米，寬 7 釐米	
15	江陵高臺漢墓 M18	木牘文書	長 14.8 釐米，寬 3.15 釐米	
16	同上	木牘文書	長 23 釐米，寬 3.7 釐米	
17	同上	木牘文書	長 23 釐米，寬 3.7 釐米	
18	同上	木牘文書	長 23.2 釐米，寬 4.5 釐米	
19	東海尹灣漢墓 M6	木牘文書數種	長 23 釐米，寬 6 釐米	東海郡上計集簿等
20	同上	名謁木牘	長 23 釐米，寬 6 釐米	
21	同上	日記簡册	長 23.5 釐米	元延二年日記

	墓葬或遺址	內　容	長（寬）度	説　明
22	居延漢簡	賜勞名籍簡册	長 24.6 釐米	五鳳三年
23	同上	功勞墨將名籍簡册	長 22.4 釐米	初元三年
24	同上	驛馬名籍簡册	長 23.2 釐米	河平四年
25	敦煌馬圈灣漢簡 101~105	征伐西域書信簡	長 24 釐米	始建國天鳳四年
26	同上	出入粟麥簡	長 24.5 釐米	居攝三年
27	同上	書信簡	長 24.7 釐米	地皇三年
28	居延新簡 T5.1	功勞墨將名籍簡册	長 22.8 釐米	始建國五年
29	同上 T52.15	北邊郡販賣鐵器文告簡	長 23.5 釐米	
30	同上 T53.38	日跡簿簡	長 23.6 釐米	
31	同上 T57.72	貰買複綺契約簡	長 27.1 釐米	
32	同上 F22.1~35	甲渠侯責寇恩事爰書簡册	長 22.6~23 釐米	
33	同上 F22.326	案疑賊殺人文書簡	長 27.7 釐米	
34	同上 F25.1	出入簿簡	長 22.1 釐米	
35	同上 T50.14	伐閲簿簡	長 24.5 釐米	

	墓葬或遺址	内　容	長（寬）度	説　明
36	西漢沅陵侯吴陽墓	黄簿	長 14 釐米	
37	同上	各類文書	約長 23 釐米	
38	荆州周家臺秦墓 M30	曆譜竹簡	長 30.4 釐米	
39	同上	曆譜木牘	長 23.8 釐米，寬 4.9 釐米	
40	香港中文大學文物館藏簡牘	奴婢廩食粟出入簿木牘	長 22.7~23.3 釐米，寬 5~6 釐米	粲副
41	同上	同上	長 22.7 釐米	廩副

　　與遣册簡牘相似，秦代的公私文書，不論竹簡、木簡或木牘，長度大多數爲一尺，最新發現的湘西里耶秦代簡牘又一次證明了這一點，① 這説明當時已有了一種相對穩定的用簡制度。漢承秦制，漢代簡牘長一尺者也是大多數。秦漢兩代簡牘之制一脈相承，並不存在各有一套規矩的問題（西北邊塞屯戍簡牘略不足一尺與超過一尺者，應看作當時尺度與製作的誤差）。《論衡·謝短篇》：“漢事未載於經，名爲尺籍短書。”

---

① 《湖南龍山里耶戰國—秦代古城一號井發掘簡報》指出：“秦簡都是木質，形式多樣，最多見的長度爲 23 釐米。”《文物》2003 年第 1 期。筆者 2002 年夏以來多次在湖南省文物考古研究所目驗實物，里耶簡反而多爲木牘，較少簡。“九九表”木牘與追討貰債文書的規格相同，也都是 23 釐米。

《漢書·遊俠傳》記陳遵與人尺牘，《後漢書·蔡邕傳》李賢注引《說文》："牘，書板也，長一尺。"所記雖爲木牘長度，然羅振玉、王國維合作編撰的《流沙墜簡》中長度爲一漢晉尺的木簡實例甚多，如《蒼頡篇》簡 22.9 釐米，《相馬經》簡 23.8 釐米，"吉凶宜忌"簡 23.6 釐米，簿書簡 23.1 釐米，"丞相吉下書"簡 23.3 釐米，"大煎都候下書"簡 23.1 釐米等，而王文爲了維護自己的"簡爲二十四之分數、牘皆五之倍數"說，只承認牘長一尺爲"通行之制"，無視簡長一尺也是"通行之制"，這顯然是不對的。王國維又說"意簡者秦制，牘者漢制"，強分秦漢，則與後來出土實物所見簡牘之制相去甚遠，實際上簡也有五之倍數，牘也有二十四之分數，並無簡爲秦制、牘爲漢制的區別。

馬先醒先生對王說"簡者秦制，牘者漢制"非常看重，他在《簡牘制度之有無及其時代問題》中仍盡力維護此說。在該文中他還寫到，居延、敦煌出土簡牘都應當稱爲"版牘"，"王氏當初未以'簡''木簡''漢簡'名之"，王國維後來稱爲"簡""木簡""漢簡"，"當係受東瀛學界影響所致"。他又說："1991 夏，'中國簡牘學國際學術研討會'於蘭州時，筆者名居延漢簡爲'牘'，鄰座裘錫圭教授謂當作'簡'，莫非懷疑王、陳（夢家）二氏之說，而偏重東瀛'木簡'名稱?"[1] 其實，"木簡"之稱，早見於古籍。《漢

---

① 《國際簡牘學會會刊》一號，蘭臺出版社，1993 年。

書·郊祀志上》《司馬相如傳》顏師古注：“札，木簡之薄小者也。”北宋政和時發現的漢簡《永初二年討羌符》，即用木簡寫成。《雲麓漫鈔》卷七記此事說：“宣和中，陝右人發地，得木簡於甕，字皆章草，朽敗不可詮次。”（中華書局《唐宋史料筆記叢刊》本，頁 125，1996 年）《東觀餘論·記與劉無言論書》則稱“木竹簡”，或許是有木簡，有竹簡，其文云：“劉憲御史燾無言來，予與論書，劉因言：‘政和初，人於陝西發地，得木竹簡一甕，皆漢世討羌戎馳檄文書，若今吏案行遣，皆章草書……’”（《叢書集成初編》第 1594 册，頁 22，中華書局）在王文中，以“簡”泛稱簡牘之例比比皆是，陳夢家也明明白白地寫道：“民間經典以下的傳記諸子和書信，則用一尺簡。”① 王、陳二氏並没有捨棄使用“簡”這一名稱。爲什麽要把居延漢簡稱爲“牘”呢？至於東瀛稱“木簡”，本源出中華。因日本所出簡牘大多爲木質，故以“木簡”名之。今人以竹質之簡稱爲“竹簡”，木質之簡稱爲“木簡”，言簡意賅。即使借用東瀛，似亦無不可。

關於一尺以上的簡牘，則正如王文所説是因爲“漢時以長牘爲尊”，而且不僅漢時如此，歷代皆如此，見於文獻記載者有《史記·匈奴列傳》：“漢遺單于書，牘以尺一寸，辭曰‘皇帝敬問匈奴大單于無恙’，所遺物及言語云云。中行説令

---

① 《漢簡綴述》，頁 294。

單于遺漢書以尺二寸牘，及印封皆令廣大長，倨傲其辭曰
'天地所生日月所置匈奴大單于敬問漢皇帝無恙'，所以遺物
言語亦云云。"王文把這個例子作爲"臣下用一尺，天子用尺
一"的證明。但王文又認爲，中行説單于用尺二牘"乃用以
誇漢非定制"，恐怕是一種誤解。《史記》説得很清楚，中行
説單于用長牘、廣大長的印封以及倨傲之辭，都是爲了與漢皇
帝比尊貴，要超過、壓倒漢皇帝。這也從另一方面證明當時
"以長大爲尊"的制度。《太平御覽》卷六〇六引《唐書》
曰："貞觀中，房玄齡議封禪儀，玉策四枚，各長一尺三寸，
廣一寸五分，厚五分。每策五簡，俱以金編，其一奠太祖，一
奠地祇，一奠高祖。"又，《吳曆》曰："孫晧時，吳郡民掘地
得物似銀，長一尺三寸，刻畫有年月字，因改年爲天策。"
"以長大爲尊"，實有兩方面的含義，一是尊貴之人用長簡，
二是尊貴重要之事用長簡。出土簡册長度超過一尺的例子多可
用這一道理加以解釋。雲夢睡虎地秦墓 M11《語書》簡長
27～27.5 釐米，約當一尺二寸，這是墓主作爲南郡太守對下屬
的文告，告誡所屬各級官吏要遵法守紀，勤勉爲官。《語書》
簡册長逾常規的 23 釐米，反映了在作者（墓主）心目中把這
一文書看得很重要。另一方面，作爲解釋秦律的文書《法律
問答》長 25.5 釐米、《封診式》長 25.2 釐米，約當一尺一
寸，皆短於約長一尺二寸的《秦律十八種》與《效律》，道理
也很昭然，《法律問答》《封診式》的重要性不如《秦律十八
種》《效律》，二者畢竟是主從關係。雲夢龍崗秦墓 M6 木牘長

36. 5 釐米，約當一尺五寸餘，超乎尋常。據筆者考證，這是一件虛擬的法律文書。墓主原爲刑徒，不願死後仍然背着罪名到地府，乃造 "鞫辭"，爲其開脱罪責，"免爲庶人"。在迷信氣氛的陰影中，這件文書對死者的重要性顯然是異乎尋常的。馬王堆漢墓 M3 告地書也稍長於一尺，應當也有重視的意義。儀徵胥浦 M101 幾種簡牘長度皆在 23 釐米左右，唯一枚元始五年記 "徒何賀山錢三千六百" 的簡，長 36. 1 釐米，似乎也是因爲内容比較重要，所以形制較大。名籍簡册，出土實物以長一尺者居多。居延新簡 "貰買複絲契約" 與 "案疑賊殺人" 文書等，簡長 27 釐米左右，約當一尺二寸，大概它們都屬於比較重要的文書。文獻記載皇宫名籍用一尺二寸牒。《漢書·元帝紀》顏師古注引應劭曰："籍者，爲尺二竹牒，記其年紀名字物色，縣之宫門，案省相應，乃得入也。"（"尺二" 原作 "二尺"，王文從《玉海》卷八五所引及崔豹《古今注》卷下《問答釋義第八》改，是。）頗疑尊卑有别，皇家宫門之籍，或與當時郡國民籍、兵簿簡册長短之制不同，也可能現在出土的簡册實物爲郡縣地方政府或個人保存的檔案，與上報中央的簿籍形制有所不同。

西漢沅陵侯吳陽墓中出土的《黄簿》，長度僅 14 釐米，僅合漢尺六寸許，這樣小巧玲瓏的簡册顯然不是因爲 "懷持之便" 的需要。我們認爲，它是沅陵侯國正式《黄簿》的一個抄本，是吳陽帶到陰間冥府裏去的沅陵侯國的基本資料，因此不是一種標準的規格。

表五：三國、晉文書簡牘長度一覽表

	墓葬或遺址	內 容	長（寬）度	説 明
1	長沙走馬樓 J22	佃田租税券書木簡	長 47~55 釐米	嘉禾吏民田家莂
2	同上	官文書司法文書木牘	長 23.4~25 釐米	
3	同上	黃簿名籍簡	長 23.2~23.5 釐米	
4	同上	名刺木牘	長 24.2 釐米，寬 3.2 釐米	
5	同上	私信	長 24.2 釐米，寬 3.2 釐米	
6	同上	私信	長 23.9 釐米，寬 3.4 釐米	
7	馬鞍山吳朱然墓	名刺木牘 14 枚	長 24.8 釐米，寬 3.4 釐米	
8	同上	名刺木牘 3 枚	長 24.8 釐米，寬 9.5 釐米	
9	南昌陽明路吳高榮墓	名刺木牘	長 24.5 釐米，寬 3.5 釐米	
10	鄂城水泥廠吳墓 M1	名刺木牘 6 枚	長 24~25 釐米，寬 3.3 釐米	
11	樓蘭魏晉遺址	駐軍書信木簡	長 22.5~23.7 釐米	
12	同上	出入器物食糧木簡	長 24.1~24.8 釐米	

	墓葬或遺址	内　容	長（寬）度	説　明
13	南昌東湖區晉吳應墓	名刺木牘 5 枚	長 25.3 釐米，寬 3 釐米	
14	高臺常封晉墓	木牘	長 23.9 釐米，寬 4.5 釐米	

　　長沙走馬樓吳簡中《嘉禾吏民田家莂》莂券形制很特殊，超長，超寬，超厚。究其原因，也是由它的重要性決定的。從莂券册的標題簡看，其自稱"嘉禾四年吏民田家别頃畝旱熟收錢米布付授吏姓名年月日都莂"。意謂它是當年佃租官家田地的吏民分别繳納錢、米、布之後，由長沙郡臨湘侯國（縣）的田户曹史製作的一份總券書，木簡經破莂後編聯成册收存。根據現已整理出來的材料看，繳納米、錢、布賦税的别券，用竹簡製作，長 22.2~29 釐米，約在一尺至一尺二寸之間。"總券書"當然比"分券書"重要，形制也因此而長大。三國兩晉之名刺，長度多在 24 至 25 釐米左右。前文已指出，魏晉後尺度有加長趨勢，因此，可以認爲這些名刺的長度仍是一尺之制。這個時期的公私文書、簿籍也依然是一尺之牘或册。長沙走馬樓吳簡之黄簿，約合吳尺一尺。《太平御覽》卷六〇六引《晉令》云："郡國諸户口黄籍，籍皆用一尺二寸札，已在官役者載名。"如一晉尺以 24.5 釐米計，一尺二寸爲 29.4 釐米，可知走馬樓吳簡制度與晉制不同，而與出土漢簡所見簿籍簡册長度基本相同。

六、書籍類簡：以策之大小爲書之尊卑

書籍類簡的基本定義是《漢書・藝文志》所收書籍或同類書籍。出土資料所見書册既多，有人便以爲雜亂無章，這種看法是不正確的。

表六：楚墓書籍簡牘長度一覽表

	墓　　葬	内　　容	長　　度	説　　明
1	信陽長臺關 M1	佚書（儒家書）	長 45 釐米	
2	慈利石板村 M36	兵陰陽書史書	長 45 釐米	
3	荆門郭店 M1	老子甲組	長 32.3 釐米	
4	同上	老子乙組	長 30.6 釐米	
5	同上	老子丙組	長 26.5 釐米	
6	同上	緇衣	長 32.5 釐米	
7	同上	魯穆公問子思、窮達以時	長 26.4 釐米	
8	同上	五行	長 32.5 釐米	
9	同上	唐虞之道、忠信之道	長 28.3 釐米	
10	同上	性自命出、尊德義、六德	長 32.5 釐米	
11	同上	語叢	長 15 釐米	

	墓　葬	内　容	長　度	説　明
12	江陵九店 M56	日書、農書（？）	長 46.2～48.2 釐米	楚建除家書
13	上海博物館藏楚竹書	孔子詩論	長 55.5 釐米	
14	同上	緇衣	長 54.3 釐米	
15	同上	性情論	長約 57 釐米	
16	同上	民之父母	長 46.2 釐米	據殘簡測算
17	同上	子羔	長 56 釐米	據殘簡測算
18	同上	魯邦大旱	長 55.4 釐米	
19	同上	從政（甲、乙）	長 42.6 釐米	
20	同上	容成氏	長 44～44.7 釐米	

　　楚國的書籍簡册大致似乎可分爲五種。一長 56 釐米左右，約合戰國尺二尺四寸；二長 45 釐米左右，約合戰國尺二尺；三長 32 釐米左右，約合一尺四寸；四長 28 釐米左右，約合一尺二寸；五長 15 釐米左右，約合六寸五分。《南齊書·文惠太子傳》記：“時襄陽有盜發古塚者，相傳云是楚王塚，大獲寶物：玉屐、玉屏風、竹簡書青絲編。簡廣數分，長二尺，皮節如新，盜以把火自照。後人有得十餘簡，以示撫軍王僧虔，僧虔云是科斗書《考工記》，《周官》所闕文也。”可見册“長

二尺"，是楚國書籍的一種常制，不過不是唯一制度。荆州郭
店 M1《語叢》册長 15 釐米，應當是王文所謂"懷持之便"
者，是當時的"袖珍本"。春秋戰國之時，百家爭鳴，諸子無
高下尊卑之分，因此册之長短大小，除了便攜型外，大概主要
取決於個人的好惡。好之者長大，不好者短小。再者，因爲長
簡製作、書寫不易，也是一種價值的體現，可以成爲擁有者身
份、地位的標誌，所以王家貴族的藏書册長規格應當較大較長，
平民百姓用書較小較短。不過這方面可資比較的材料不多。馬
先醒曾説過："書籍之珍貴程度，與其書寫所用簡牘之長度成正
比，與廣度成反比。"① 他的話前半句對，後半句不對。

表七：秦漢書籍簡册長度一覽表

	墓葬或遺址	内　容	長　　度	説明
1	天水放馬灘秦墓 M1	日書甲種	27.5 釐米	
2	同上	日書乙種	23 釐米	
3	江陵王家臺秦墓 M15	歸藏	長 23 釐米	
4	同上	日書	長 45 釐米	
5	雲夢睡虎地秦墓 M11	爲吏之道	長 27.5 釐米	
6	同上	日書甲種	長 25 釐米	

① 《簡牘通考》，《簡牘學報》，1976 年第 4 期。

	墓葬或遺址	內　容	長　度	説明
7	同上	日書乙種	長 23 釐米	
8	荆州周家臺秦墓 M30	日占、日書、曆譜等	長 29.3～29.6 釐米	
9	同上	病方簡	長 21.7～23 釐米	
10	馬王堆漢墓 M3	雜禁方	長 22.5～23 釐米	
11	同上	合陰陽	長 23～23.2 釐米	
12	同上	十問	長 23.2～23.7 釐米	
13	同上	天下至道談	長 28～28.2 釐米	
14	臨沂銀雀山漢墓	孫子兵法、六韜、尉繚子等	長 27 釐米	
15	同上	晏子	長 27.2～27.5 釐米	
16	同上	元光元年曆譜	長 69 釐米	
17	阜陽雙古堆漢簡	詩經	長 24～26 釐米	
18	江陵張家山漢墓 M247	蓋廬	長 30.1 釐米	
19	同上	脈書、引書	長 34.5 釐米	
20	同上	算數書	長 30.1 釐米	
21	同上	曆譜	長 23 釐米	

續 表

	墓葬或遺址	内 容	長 度	説明
22	東海尹灣漢墓 M6	神烏賦、刑德、行道吉凶	長 23.5 釐米	
23	同上	神龜占、博局占、曆譜	長 23 釐米，寬 6 釐米	元延元年、三年
24	武威磨嘴子漢墓 M6	儀禮甲、丙二種	長 55.5～56.2 釐米	
25	同上	儀禮乙種	長 50.5 釐米	
26	同上	日書	長 20～22 釐米	
27	武威旱灘坡東漢墓	醫方簡牘	簡長 23～23.4 釐米，牘長 22.7～23.9 釐米	
28	流沙墜簡	曆譜簡	長 36 釐米	元康三年
29	居延新簡 F22.636	曆譜簡	長 27.8 釐米	
30	同上	相寶劍刀簡册	長 22.6 釐米	
31	同上 T65.48	刑德簡	長 22.1 釐米	
32	同上 T49.3	厭魅書簡	長 22.8 釐米	
33	同上 T50.1	蒼頡篇竹簡	長 23 釐米	
34	同上 T51.390	晏子簡	長 23 釐米	
35	同上 T5.14	急就章簡	長 17.7 釐米	
36	定州八角廊漢 M40	論語簡	長 16.2 釐米	

續　表

	墓葬或遺址	内　容	長　度	説明
37	同上	儒家者言簡	長 11.5 釐米	
38	虎溪山西漢沅陵侯吳陽墓	日書、閻氏五勝簡	長 27 釐米	
39	同上	美食方簡	長 46 釐米	
40	荆州關沮周家臺秦墓 M30	二十八宿占竹簡	長 30.4 釐米	帶綫圖
41	同上	病方竹簡	長 23.6~24 釐米	

　　秦漢書籍簡册長似乎與戰國書籍册長有一定的承繼關係，可分爲八種。第一種册長 55 釐米左右，約合秦漢尺二尺四寸；第二種册長 46 釐米左右，約合二尺；第三種册長 35 釐米左右，約合一尺五寸；第四種册長 32 釐米左右，約合一尺四寸；第五種册長 28 釐米左右，約合一尺二寸；第六種册長 23 釐米左右，約合一秦漢尺；第七種册長 16 釐米左右，約合七寸；第八種册長 12 釐米，約合五寸。第一種與包山簡法律文書《集箸》長度略同，相信其中有傳承關係。王文曾舉數例論及二尺四寸簡册的制度：如，《論衡·謝短篇》説“二尺四寸，聖人文語，朝夕講習”；如，《孝經鈎命决》説“《春秋》二尺四寸”；如，《通典》五四引許敬宗説“六經策長二尺四寸”；如，《後漢書·周磐傳》説“編二尺四寸簡，寫《堯典》一篇”，等等。可惜他卻由此推導出一個錯誤的結論，

即："周末以降，經書之策，皆用二尺四寸。"其實，王文已提到史記、禮制、法令之書也用二尺四寸簡。荀勖《穆天子傳序》說，《穆天子傳》簡册"以臣前所考定古尺度其簡，長二尺四寸"。《後漢書·曹褒傳》說，曹褒"撰天子至於庶人冠婚吉凶始終制度，以爲五十篇，寫以二尺四寸簡"。《鹽鐵論·詔聖篇》說："二尺四寸之律，古今一也。"這就說明當時書寫比較重要的圖書文獻有使用二尺四寸簡册的形式。這應當是重要簡册的一種形式，而不是唯一形式；可能是許多人使用的形式，卻不是具有法制意義的形式。至於六經册使用二尺四寸簡，大概要到西漢晚期以後，出《儀禮》簡的武威磨嘴子6號墓就是西漢晚期的墓葬。《儀禮》丙種簡長50.5釐米，當二尺一寸，陳夢家認爲："甲本、丙本都是經，所以是二尺四寸。乙本是單册的經傳，所以稍短一些。漢人寫書所用的簡策的長短，是因其內容而分別的，如《論衡》所述'大者爲經，小者爲傳記'。"[①]阜陽雙古堆漢墓所出約當西漢文帝時的《詩經》，簡長僅漢尺一尺一二寸，因爲當時儒經並無崇高的地位。定州八角廊《論語》長16.2釐米，與楚簡《語叢》相近，大概也有一種傳承的關係。《儀禮》疏引鄭注《論語序》云："《易》《詩》《書》《禮》《樂》《春秋》策皆長二尺四寸，《孝經》謙半之，《論語》八寸策者，三分居一，又謙焉。"今出土《論語》册實物不到八寸，但是鄭注所說的原則

---

① 《漢簡綴述》，頁294。

是正確的。那就是爲"懷持之便"的便攜原則。同樣，居延新簡 T5.14《急就章》簡長 17.7 釐米、八角廊《儒家者言》長 11.5 釐米，也是這個道理。《太平御覽》卷六〇六引《後漢書》曰："征和三年三月辛亥，天大陰雨，比干在家，……而門有老嫗求寄避雨……謂比干曰：'公有陰德，天賜君以策，以廣公之子孫。'因出懷中符策，狀如簡，長九寸……"這就是放入懷中的簡。還有，西漢中期以後，《孝經》《論語》都是童蒙讀物，簡册較短小，可能也有方便兒童的考慮。

西漢沅陵侯吳陽墓出土《美食方》簡册長達 46 釐米，約合二漢尺。我們曾指出，《美食方》不是尋常人家的菜單，乃是宮廷食譜，册長二尺，應當是從形制上説明了它的身份的重要性。

銀雀山漢簡《元光元年曆譜》長 69 釐米，約合漢尺三尺，與其他的秦漢曆譜，如張家山簡《曆譜》、尹灣簡《曆譜》等長一尺者相比，令人注目。我們推測，古代的曆譜可能有性質不盡相同的"版本"，一種是封建王朝即中央政府所頒佈下達的曆朔，一種是郡國官府爲了使用的便利根據前者抄録或推導的曆譜，還有更低級別的官署或個人抄録的曆譜，它們的規格應當是不同的。前者具有法律的效力，後者則屬一般的文書，《元光元年曆譜》合漢尺三尺，當以律令書視之。《流沙墜簡》中的《元康三年曆譜》簡長 36 釐米、居延新簡《曆譜》簡長 27.8 釐米，可能是較大規格的曆譜書。

七、律令類簡：三尺法與一尺法

雲夢睡虎地秦簡發現後，秦漢法律的研究成爲熱門課題。但律令類簡出土數量其實還是不够多，要討論律令簡册形制有些困難。

出土戰國楚簡中未見純粹的律令類簡。秦漢時期律令簡册有以下資料。

表八：秦漢律令簡册長度一覽表

	墓葬或遺址	内　容	長（寬）度	説　明
1	青川郝家坪秦墓 M50	爲田律木牘	長 46 釐米，寬 3.5 釐米，厚 0.5 釐米	戰國秦
2	雲夢睡虎地秦墓 M11	秦律十八種、效律等簡	長 27~27.5 釐米	秦始皇統一後
3	雲夢龍崗秦墓 M6 簡	與禁苑相關的律令簡	長 28 釐米	秦亡後漢未立時
4	江陵王家臺秦墓 M15	效律簡	長 45 釐米	
5	江陵張家山漢墓 M247	律令廿餘種簡	長 30~31 釐米	吕后時期
6	江陵張家山漢墓 M247	奏讞書	長 30 釐米	
7	臨沂銀雀山漢墓 M1	兵令、李法、守令	長 27.5 釐米	

	墓葬或遺址	内　容	長（寬）度	説　明
8	居延漢簡	詔令目録	長 67.5 釐米	
9	武威磨嘴子漢墓 M18	西漢高年授王杖詔令	長 23~24 釐米	
10	武威磨嘴子徵集	王杖詔令册廿六簡	長 23.2～23.7 釐米	
11	武威旱灘坡東漢墓	御史挈令、蘭臺挈令、衞尉挈令、尉令、田令等	長 23~24 釐米	
12	居延新簡 F16.1~17	塞上烽火品約簡册	長 38.5 釐米	
13	同上	候史廣德坐不循行部檄	長 82 釐米	實非檄

　　秦漢律令簡册，似可分爲五種。一長 68 釐米左右，約當秦漢尺三尺；二長 46 釐米左右，約二尺；三長 30 釐米左右，約一尺三寸；四長 28 釐米左右，約一尺二寸；五長一尺。律令策長三尺，較其他種類的簡長得多，文獻有記載。《史記·酷吏列傳·杜周》："客有讓周曰：'君爲天子決平，不循三尺法，專以人主意指爲獄，獄者固如是乎！'周曰：'三尺安出哉？前主所是著爲律，後主所是疏爲令，當時爲是，何古之法乎！'"集解引《漢書音義》曰："以三尺竹簡書法律也。"《漢書·朱博傳》："如太守漢吏，奉三尺律令以從事耳。"又，

"三尺律令，人事出其中"。王文爲了給自己的"六之倍數"説與"古策最長者二尺四寸"説尋找佐證，將兩處的"三尺"説成是"漢之二尺四寸，正當周之三尺"，"蓋猶沿用周時語也"，這是不可信的。今居延簡詔令目録簡長約三尺，證明當時確實是"以三尺竹簡書法律"的，可惜出土實物僅此一例。陳夢家《西漢施行詔書目録》説："《鹽鐵論·詔聖篇》曰'二尺四寸之律，古今一也'，《論衡·正説篇》曰'周以八寸爲尺'。説者以爲二尺四寸是漢尺，當周之三尺。如此説，則《史》《漢》的'三尺法'乃用周制，於漢爲二尺四寸。我于《武威漢簡敘論》中亦用此説，以爲二尺四寸乃最長漢簡，而三尺律令書以漢尺二尺四寸之簡。其後考校戰國、秦、漢尺度，實以 23.1 爲基數，故周尺八寸之説，並不可靠。三尺律令爲漢制，先漢亦當如此。"[1] 大庭脩説，應稱爲"令甲目録"，但亦認爲史有"三尺律令"之説，此爲書寫律令簡之長度。[2] 在敦煌懸泉遺址出土的漢簡，也明確無誤地記有律令簡長三尺之制："告縣、置食傳馬皆爲□劄，三尺廷令齊壹三封之。"[3]

青川郝家坪秦牘《爲田律》與江陵王家臺秦簡《效律》，簡牘長二尺，皆屬秦制，出土的漢簡似乎未見這種規格的律令簡。《獨斷》卷上云："策者，簡也。禮曰：'不滿百文，不書

① 《漢簡綴述》，頁 275。
② 《漢簡研究》，日本同朋舍，1992 年。
③ 《敦煌懸泉漢簡釋粹》，13 號，頁 18，上海古籍出版社，2001 年。

於策。'其制長二尺，短者半之……以命諸侯王、三公。……三公以罪免，亦賜策，文體如上策而隸書，以尺一木兩行。"出土簡牘中尚未見到封册。

雲夢睡虎地《秦律》簡長 27~27.5 釐米，龍崗秦律簡長 28 釐米，銀雀山《兵令》《李法》《守令》漢簡長 27.5 釐米，江陵張家山《律令》漢簡長 30~31 釐米，《奏讞書》長 30 釐米，規格雖小有差異，但是與同墓所出的其他種類簡相比，册長並沒有特別之處。我們懷疑，與前文所説的曆譜的情況相似，律令册大概也有幾種性質不盡相同的"版本"，一種是封建王朝即中央政府所直接頒佈下達的律令册，長三尺；一種是郡國以下各級官府或個人轉發或爲了使用的方便根據前者抄録的册書，長度與一般文書簡册相同。武威所出《王杖十簡》長 23 釐米許，《王杖詔令册》簡長 23 釐米許，武威旱灘坡《御史絜令》《蘭臺絜令》《衛尉絜令》《尉令》《田令》《令乙》等簡長 23 釐米許，只有漢一尺，而且還將詔令與案例混抄混編，甚至將律文摘録、割裂，證明民間對法律注重實際的運用，而簡册之制並非神聖不可變更的東西。

居延新簡，《塞上烽火品約》簡册，長 38.5 釐米，合一尺六寸許，與貴縣羅泊灣《從器志》遣册牘、儀徵胥浦漢墓借錢簡長度相似，這種長度的簡似未見文獻記載，從實際運用的角度看，仍然包含重要的事情使用長簡的意義。《候史廣德坐不循行部檄》，長 82 釐米，約合三尺八寸許。按，此爲一木觚，今名爲最初的研究者與整理者命名。《說文·木部》：

"檄，二尺書。"段玉裁改爲"檄，尺二書"。王國維認爲"段改非是"。以《候史廣德坐不循行部觚》的形制而言，很可能並不是正式的文書形態，文中雖有"又省官檄不會會日"語，其實本身與"檄"了無干係，被稱爲"檄"名不副實，而且其長度達82釐米，約合三尺八寸許，也完全不合"檄，二尺書"的制度。在敦煌懸泉置遺址出土漢簡中，有許多關於"檄"的資料，如："出東書八封，板檄四，楊檄三。四封太守章：一封詣左馮翊，一封詣右扶風，一封詣河東太守府，一封詣酒泉府。一封敦煌長印，詣魚澤候。二封水長印，詣東部水。一封楊建私印，詣冥安。板檄四，太守章：一檄詣宜禾都尉，一檄詣益廣候，一檄詣廣校候，一檄詣屋蘭候。一楊檄敦煌長印，詣都史張卿。一楊檄郭尊印，詣廣至。【一】楊檄龍勒長印，詣都史張卿。九月丁亥日下餔時，臨泉禁付石靡卒辟非。（Ⅴ1611③：308）"① 類似的例子還很多，牘文所説的"板檄""楊檄"，都是一般書信，似乎没有特别長大的理由。《説文·木部》"檄"字段注云："小徐《繫傳》已佚，見《韻會》者作'尺二書'，蓋古本也。李賢注《光武紀》曰，《説文》以木簡爲書，長尺二寸，謂之檄，以徵召也。與前書《高紀》注同，此蓋出演《説文》，故語加詳。云尺二寸，與鍇本合。但漢人多言尺一，未知其分别之詳。"我們過去曾信從王説，以段改爲誤，現在看來情況還比較複雜，王説未必

---

① 《敦煌懸泉漢簡釋粹》，109 號，頁 91。

是，段改未必誤，有關制度尚待對出土實物作進一步檢測與研究。

武威旱灘坡 85MHM19 墓，爲前涼建興年號板牘，原整理者未説明性質用途，實則爲一種"拜官板"（拜"駙馬都尉""奮節將軍"），長 28 釐米左右，寬 5.2～10.2 釐米。北涼尺一尺爲 24.5 釐米，木板長約合一尺一寸許。其制見於文獻。《後漢書·李雲傳》："今官位錯亂，小人諂進，財貨公行，政化日損，尺一拜用，不經御省。"漢魏詔書長尺一的記載數見。《後漢書·周景傳》李賢注引蔡質《漢儀》曰："周景以尺一詔召司隸校尉左雄詣臺對詰。"《後漢書·五行志二》："靈帝曾不克己復禮，虐侈滋甚，尺一雨布，驃騎電激，官非其人。"《三國志·魏志·夏侯玄傳》："先是有詐作尺一詔書，以玄爲大將軍，允爲太尉，共録尚書事。有何人天未明乘馬以詔版付允門史。"末一條詔書，明言是版牘。但出土實物亦未見。

長沙出土的寫簡俑。請注意執簡和握筆的方式。

綜合上引資料與陳述，知論簡册制度者不可不分時代、種類籠而統之加以論述。秦漢以降，一尺（23 釐米左右）長的簡策最常用，無論是書籍還是公私文書，通用一尺長的簡册與木牘，這顯然與書寫的便捷有關，與人的手臂的長度有關。蓋從人的身體構造而言，一尺之長乃根據人的小臂長度定出。《説文・尺部》："尺，十寸也。人手卻十分動脈爲寸口，十寸爲尺。尺，所以指尺規榘事也。从尸，从乙。乙，所識也。周制，寸、尺、咫、尋、常、仞諸度量，皆以人之體爲法。"王筠《句讀》卷一六云："自掔之橫紋而卻之，適得一寸，爲寸脈；自肘之曲池穴上橫紋而前之，至于掔之橫紋適得一尺，爲尺脈。"現在我們知道，古人寫簡並不是趴在几桌上的，而是一手持簡（牘），一手秉筆，懸空而書（見前頁插圖）。簡牘長度適當，書寫起來就比較便當；反之，簡牘過長必造成書寫的困難。由於常人的小臂恰爲秦漢尺長一尺左右，因此一尺長的簡牘書寫起來最爲得心應手。兒童手臂更短，給他們使用的簡册也就相應地更短小些。

《禮記・禮器》説："有以大爲貴者：宮室之量，器皿之度，棺椁之厚，丘封之大，此以大爲貴也。"簡牘之制大概也是如此，凡是需要表現身份與地位的尊貴的文書，就要使用形制較長大的簡牘；凡是被認爲是珍貴重要的書籍或文書，就要使用形制較長大的簡牘。文獻中記載的各種形制的簡册，如三尺法，二尺四寸之律、之書，一尺二寸，一尺一寸，一尺，八寸，六寸，等等，出土實物有的能够與之相合，有的未能與之相合，上面我們對合與不合的情形都做了一些分析討論。我們認爲，由於簡册的使用歷經千年以上，各個階層尊卑有別，因此不可能有一種適合不同時代、所有階級的統一的制度。總體而言，簡册制度的原則不是王國維在《簡牘檢署考》中所提到的"分數、倍數"說，而是"以策之大小爲書之尊卑"。現在，地下簡牘的出土並没有停止，新的資料還在源源不斷地湧現，每當一批簡牘出土，我們重新審視這一問題，又會有新發現、新見解、新答案，不過，王國維的《簡牘檢署考》給我們的啓迪是永恒的，他對簡牘學的奠基之功將永世長存。

　　附記：本文所引簡牘形制資料，皆見於出土簡牘的發掘簡報或整理報告，兹不一一引注出處。關於楚墓的葬制與規格，亦請參看各墓的發掘簡報、正式報告。

再版補充

一、關於簡牘制度的秦令

關於簡牘制度，文獻資料未見法律令的記載，嶽麓書院藏秦簡發現了相關的材料，彌足珍貴。嶽麓秦簡（伍）《卒令丙四》有關於寫簡牘制度的秦令如下。

·諸上對、請、奏者，其事不同者，勿令同編及勿連屬，事別編之。有請，必物一牒，各徹之，令易知。其一事而過百牒者，別之，毋過百牒而爲一編，必皆散取其急辭，令約具別白，易知也。其獄奏也，各約爲鞫審，具傳其律令，令各與其當比編而署律令下曰：以此當某某，及具署臬人繫不繫。雖同編者，必章□之，令可別報、縈卻也。用牘者，一牘毋過五行，五行者，牘廣一寸九分寸八，四行者，牘廣一寸泰半寸，·三行者，牘廣一寸半寸。·皆謹調護好浮書之，尺二寸牘一行毋過廿六字。·尺牘一行毋過廿二字。書過一章者，章□之。辭所當止皆朕之，以別易知爲故。書卻，上對而復與卻書及事俱上者，縈編之，過廿牒，阶（界）其

方，江（空）其上而署之曰：此以右若左若干牒，前
對，請若前奏。·用疏者，如故。不從令及牘廣不中過
十分寸一，皆貲二甲。

請：自今以來，諸縣官上對、請書者，牘厚毋下十分
寸一，二行牒厚毋下十五分寸一，厚過程者，毋得各過
其厚之半。爲程，牘牒各一。不從令者，貲一甲。御史
上議：御牘尺二寸，官券牒尺六寸。制曰：更尺一寸牘
牒。　　·卒令丙四

（上海辭書出版社，頁 105~108、1698~1702，2017 年）

主要内容是：1. 上報的文書，不同事項不得寫在一起，
要一事一文，一文之長不得超過百簡。2. 一牘書寫不得超
過五行，五行牘寬一寸九分寸八（約今 4.3 釐米），四行
牘寬一又三分之二寸（約今 3.8 釐米），三行牘寬一寸半
（約今 3.4 釐米）。3. 牘厚不得少於十分之一寸，厚度超過
規定要處罰。4. 長一尺二寸牘，一行不超過廿六字。長一
尺牘，一行不超過廿二字。5. 御用簡牘長度定爲一尺一寸
（約今 25.4 釐米）。

我們現在發掘出土的秦簡牘絕大多數都是符合這一規定
的。出土簡牘資料很好地解釋了困擾我們很久的簡牘制度
迷惑。

二、關於簡牘長度——新見簡牘長度資料匯編

1. 楚簡

出　處	篇　名	內　容	簡　長	備　注
曾侯乙墓竹簡		卜筮禱祠	75 釐米	摘自陳偉《楚簡冊概論》，下同
天星觀簡		卜筮禱祠	64~71 釐米	
包山簡		卜筮禱祠	67.1 ~ 69.7 釐米	武漢大學簡帛研究中心等編著《楚地出土戰國簡冊合集》（六）
望山 M1 竹簡		卜筮禱祠	60~70 釐米	《楚地出土戰國簡冊合集》（四）
長臺關簡		喪葬簡	68.5 ~ 68.9 釐米	《楚地出土戰國簡冊合集》（二）
望山 M2 竹簡		喪葬簡	63.7 ~ 64.1 釐米	《楚地出土戰國簡冊合集》（四）
曾侯乙墓竹簡		喪葬簡	70~75 釐米	《楚地出土戰國簡冊合集》（三）
天星觀簡		喪葬簡	64~71 釐米	
包山簡		喪葬簡	65~72.5 釐米	《楚地出土戰國簡冊合集》（六）
仰天湖竹簡		喪葬簡	20.2 ~ 21.6 釐米	

出　處	篇　名	内　容	簡　長	備　注
楊家灣簡		喪葬簡	13.5～13.7 釐米	
曹家崗簡		喪葬簡	13 釐米左右	《楚地出土戰國簡册合集》（四）
包山簡		文書簡貸金	55 釐米	《楚地出土戰國簡册合集》（六）
包山簡		文書簡	62～69.8 釐米	《楚地出土戰國簡册合集》（六）
江陵磚瓦廠 M307 簡		文書簡	62.4 釐米	
郭店簡	語叢二、四	書籍簡	15.1～15.2 釐米	《楚地出土戰國簡册合集》（一）
郭店簡	老子甲	書籍簡	32.3 釐米	《楚地出土戰國簡册合集》（一）
郭店簡	老子乙	書籍簡	30.6 釐米	《楚地出土戰國簡册合集》（一）
郭店簡	老子丙	書籍簡	26.5 釐米	《楚地出土戰國簡册合集》（一）
郭店簡	性自命出	書籍簡	32.5 釐米	《楚地出土戰國簡册合集》（一）
上博簡	性情論	書籍簡	57 釐米	馬承源主編《上海博物館藏戰國楚竹書》（一）
郭店簡	緇衣	書籍簡	32.5 釐米	《楚地出土戰國簡册合集》（一）

續　表

出　處	篇　名	内　容	簡　長	備　　注
上博簡	緇衣	書籍簡	54.3 釐米	馬承源主編《上海博物館藏戰國楚竹書》（一）
上博簡	周易	書籍簡	44 釐米	馬承源主編《上海博物館藏戰國楚竹書》（三）

2. 清華簡

出　　處	篇序	名　稱	長　度	説　明
清華大學藏戰國簡一	01	尹至	45 釐米	
清華大學藏戰國簡一	02	尹誥	45 釐米	
清華大學藏戰國簡一	03	程寤	45 釐米	
清華大學藏戰國簡一	04	保訓	28.5 釐米	
清華大學藏戰國簡一	05	耆夜	45 釐米	
清華大學藏戰國簡一	06	周武王有疾周公所自以代王之志（金縢）	45 釐米	
清華大學藏戰國簡一	07	皇門	44.4 釐米	
清華大學藏戰國簡一	08	祭公	44.4 釐米	
清華大學藏戰國簡一	09	楚居	47.5 釐米	

出　　處	篇序	名　稱	長　度	説　明
清華大學藏戰國簡二	01	繫年	44.6 ~ 45 釐米	
清華大學藏戰國簡三	01 ~ 03	説命上、中、下	45 釐米	
清華大學藏戰國簡三	04	周公之琴舞	44.7 釐米	
清華大學藏戰國簡三	05	芮良夫毖	44.7 釐米	
清華大學藏戰國簡三	06	良臣	32.8 釐米	
清華大學藏戰國簡三	07	祝辭	32.8 釐米	
清華大學藏戰國簡三	08	赤鵠之集湯之屋	45 釐米	
清華大學藏戰國簡四	01	筮法	35 釐米	
清華大學藏戰國簡四	02	別卦	16 釐米	寬 1.1 釐米
清華大學藏戰國簡四	03	算表	43.5 ~ 43.7 釐米	寬 1.2 釐米，厚 0.13 釐米
清華大學藏戰國簡五	01	厚父	44 釐米	寬 0.6 釐米
清華大學藏戰國簡五	02	封許之命	44 釐米	寬 0.65 釐米
清華大學藏戰國簡五	03	命訓	49 釐米	
清華大學藏戰國簡五	04	湯處於湯丘	44.4 釐米	寬 0.6 釐米
清華大學藏戰國簡五	05	湯在啻門	44.5 釐米	

出　處	篇序	名　稱	長　度	說　明
清華大學藏戰國簡五	06	殷高宗問於三壽	45 釐米	寬 0.6～0.7 釐米
清華大學藏戰國簡六	01	鄭武夫人規孺子	45 釐米	寬 0.6 釐米
清華大學藏戰國簡六	02	管仲	44.5 釐米	寬 0.6 釐米
清華大學藏戰國簡六	03	鄭文公問太伯（甲、乙）	45 釐米	寬 0.6 釐米
清華大學藏戰國簡六	04	子儀	41.5～41.7 釐米	寬 0.6 釐米
清華大學藏戰國簡六	05	子産	45 釐米	寬 0.6 釐米
清華大學藏戰國簡七	01	子犯子餘	45 釐米	寬 0.5 釐米
清華大學藏戰國簡七	02	晉文公入於晉	45 釐米	寬 0.5 釐米
清華大學藏戰國簡七	03	趙簡子	41.6 釐米	寬 0.6 釐米
清華大學藏戰國簡七	04	越公其事	41.6 釐米	寬 0.5 釐米
清華大學藏戰國簡八	01	攝命	45 釐米	寬 0.6 釐米
清華大學藏戰國簡八	02	邦家之政	45 釐米	寬 0.6 釐米
清華大學藏戰國簡八	03	邦家處位	41.5 釐米	寬 0.5 釐米
清華大學藏戰國簡八	04	治邦之道	44.6 釐米	寬 0.6 釐米
清華大學藏戰國簡八	05	心是謂中	41.6 釐米	寬 0.6 釐米
清華大學藏戰國簡八	06	天下之道	41.6 釐米	寬 0.6 釐米

出　　處	篇序	名　稱	長　度	説　明
清華大學藏戰國簡八	07	八氣五味五祀五行之屬	41.6 釐米	寬 0.6 釐米
清華大學藏戰國簡八	08	虞夏殷周之治	41.6 釐米	寬 0.6 釐米
清華大學藏戰國簡九	01	治政之道	44.2 釐米	寬 0.6 釐米
清華大學藏戰國簡九	02	成人	45.2 釐米	寬 0.7 釐米
清華大學藏戰國簡九	03	廼命一	44.6 釐米	寬 0.6 釐米
清華大學藏戰國簡九	04	廼命二	44.6 釐米	寬 0.6 釐米
清華大學藏戰國簡九	05	禱辭	44.5 釐米	寬 0.6 釐米
清華大學藏戰國簡十	01	四告	45.7 釐米	寬 0.6 釐米
清華大學藏戰國簡十	02	四時	45 釐米	寬 0.6 釐米
清華大學藏戰國簡十	03	司歲	45 釐米	寬 0.6 釐米
清華大學藏戰國簡十	04	行稱	32.8 釐米	寬 0.6 釐米
清華大學藏戰國簡十	05	病方	32.8 釐米	寬 0.6 釐米
清華大學藏戰國簡十一	01	五紀	45 釐米	寬 0.6 釐米
清華大學藏戰國簡十二	01	參不韋	32.8 釐米	寬 0.6 釐米
清華大學藏戰國簡十三	01	大夫食禮	46 釐米	寬 0.6 釐米

續 表

出 處	篇序	名 稱	長 度	説 明
清華大學藏戰國簡十三	02	大夫食禮記	46 釐米	寬 0.6 釐米
清華大學藏戰國簡十三	03	五音圖	19.3 釐米	寬 0.5 釐米
清華大學藏戰國簡十三	04	樂風	9.9 釐米	寬 0.5 釐米
清華大學藏戰國簡十三	05	畏天用身	44.4 釐米	寬 0.6 釐米
清華大學藏戰國簡十四	01	成后	41 釐米	寬 0.6 釐米
清華大學藏戰國簡十四	02	昭后	41 釐米	寬 0.6 釐米
清華大學藏戰國簡十四	03	兩中	45.8 釐米	寬 0.5 釐米

3. 嶽麓秦簡

出 處	序號	内 容	簡 長	備 注
嶽麓秦簡一	01	質日一	27 釐米	寬 0.6 釐米。秦始皇二十七、三十四年
嶽麓秦簡一	02	質日二	30 釐米	寬 0.6 釐米。秦始皇三十五年

出　處	序號	内　容	簡　長	備　注
嶽麓秦簡一	03	爲吏治官及黔首	30 釐米	
嶽麓秦簡一	04	占夢書	30 釐米	
嶽麓秦簡二	01	數	27.5 釐米	寬 0.5~0.6 釐米
嶽麓秦簡三	01	奏讞書一	27.4~27.5 釐米	寬 0.6~0.7 釐米整。理者原稱爲《爲獄等狀四種》
嶽麓秦簡三	02	奏讞書二	25 釐米	寬 0.5~0.6 釐米。整理者原稱爲《爲獄等狀四種》
嶽麓秦簡三	03	奏讞書三	22.9 釐米	寬 0.8 釐米。整理者原稱爲《爲獄等狀四種》
嶽麓秦簡三	04	奏讞書四	22.9 釐米	寬 0.8 釐米。整理者原稱爲《爲獄等狀四種》
嶽麓秦簡四	01	亡律	29~30 釐米	
嶽麓秦簡四	02	秦律	27.5 釐米	
嶽麓秦簡四	03	秦令	27.5 釐米	
嶽麓秦簡五	01	秦令	27.5 釐米	
嶽麓秦簡五	02	秦令	27.5 釐米	
嶽麓秦簡五	03	秦令	27.5 釐米	
嶽麓秦簡六	01	秦律令	27.5 釐米	

續　表

出　處	序號	内　容	簡　長	備　注
嶽麓秦簡六	02	秦律令	30 釐米	
嶽麓秦簡六	03	秦律令	30 釐米	
嶽麓秦簡六	04	秦律令	27.2 釐米	
嶽麓秦簡六	05	秦律令	22.5 釐米	寬 1.0 釐米
嶽麓秦簡七	01	秦律令	29.5 釐米	
嶽麓秦簡七	02	秦律令	23 釐米	

4. 北大秦簡

出　處	篇名	内　容	簡　長	備　注
北大藏秦簡一	從政之經教女	竹簡	27.5 ~ 27.9 釐米	寬 0.5~0.6 釐米
北大藏秦簡一	公子從軍	竹簡	22.9 ~ 23.1 釐米	寬 0.7~0.9 釐米
北大藏秦簡一	泰原有死者	木牘	23.0 釐米	寬 4.7 釐米
北大藏秦簡一	隱書	木簡	23.0 ~ 23.1 釐米	寬 0.8~1.2 釐米
北大藏秦簡一	酒令 "東菜涇桑"	竹牘	23.0 釐米	寬 2.4 釐米
北大藏秦簡一	酒令 "不日可增日可思"	木牘一	23.0 釐米	寬 2.4 釐米

出　處	篇　名	内　容	簡　長	備　注
北大藏秦簡一	酒令"歈不醉非江漢殴"	木牘二	22.9 釐米	寬 2.1 釐米
北大藏秦簡一	秦始皇三十一年質日	竹簡	27.1 ~ 27.5 釐米	寬 0.6~0.8 釐米
北大藏秦簡一	秦始皇三十三年質日	竹簡	30.0 ~ 30.2 釐米	寬 0.6~0.8 釐米
北大藏秦簡二	日書雜抄	竹簡	36.5 ~ 37.0 釐米	寬 0.5~0.7 釐米
北大藏秦簡二	祠祝之道	竹牘一	34.4 釐米	寬 1.7 釐米
		竹簡六	27.0 ~ 27.3 釐米	寬 0.6 釐米
北大藏秦簡二	雜祝方	木簡	22.9 ~ 23.1 釐米	寬 0.9~1.1 釐米
北大藏秦簡二	算書丙種	竹簡	22.9 ~ 23.1 釐米	寬 0.5~0.7 釐米
北大藏秦簡二	成田	竹簡	23.7 ~ 24.0 釐米	寬 0.5~0.7 釐米
北大藏秦簡二	田書	竹簡	27.2 ~ 27.9 釐米	寬 0.5~0.8 釐米
北大藏秦簡二	九九術	木牘	23.0 釐米	寬 7.0 釐米
北大藏秦簡二	傭作文書一	木牘	25.1 釐米	寬 4.4 釐米

續　表

出　處	篇　名	内　容	簡　長	備　注
北大藏秦簡二	傭作文書二	木觚	20.5 釐米	寬 1.3 釐米
北大藏秦簡二	傭作文書三	木牘	23.1 釐米	寬 2.2 釐米
北大藏秦簡二	傭作文書四	竹牘	23.0 釐米	寬 1.7 釐米
北大藏秦簡二	傭作文書五	竹牘	23.5 釐米	寬 1.3 釐米
北大藏秦簡三、四	算書甲種	竹簡	22.6 ~ 23.1 釐米	寬 0.5 ~ 0.7 釐米
北大藏秦簡三、四	日書甲種	竹簡		
北大藏秦簡三、四	製衣	竹簡		
北大藏秦簡三、四	算書乙種	竹簡		
北大藏秦簡三、四	避射死刃	竹簡		
北大藏秦簡三、四	病方	竹簡		
北大藏秦簡三、四	道里書	竹簡		
北大藏秦簡三、四	禹九策	竹簡		
北大藏秦簡三、四	祓除	竹簡		
北大藏秦簡三、四	日書乙種	竹簡		

　　簡牘長度是簡牘制度中一個具有標誌意義的數值。我們在《導言》中已指出，王國維先生的"分數、倍數"説，雖然新奇有趣，却並不正確。我們從考察出土簡牘實際出發，指出了一些客觀的現象作爲簡牘制度的概括，包括"戰國楚及秦漢墓遣册：以主之尊卑爲策之大小"、"文書簡册：以事之輕重爲策之大小"、"書籍類簡：以策之大小爲書之尊卑"等。近數十年來大量的簡牘出土，爲我們進一步了解簡牘制度奠定了物質基礎。上列表格是我們選取的比較有代表性的材料。分析這些材料，我們可以看到一些規律。在戰國時期，我們在《導言》中説到的現象，都還是基本成立的。但是，到了秦統一之後，簡牘長度明顯有趨於同一的傾向。北大秦簡數據表明，除了少量的簡牘外，大多數簡牘的長度，都爲 23 釐米左右，即一秦尺。我們在《導言》裏曾指出，秦漢以降，一尺（23釐米左右）長的簡策最常用，無論是書籍還是公私文書，通用一尺長的簡册與木牘，這顯然與書寫的便捷有關，與人的手臂的長度有關。蓋從人的身體構造而言，一尺之長乃根據人的小臂長度定出。《説文》："尺，十寸也。人手卻十分動脈爲寸口，十寸爲尺。尺，所以指尺䂓榘事也。从尸，从乙。乙，所識也。周制，寸、尺、咫、尋、常、仞諸度量，皆以人體爲法。"王筠《句讀》云："自掔之橫紋卻之，適得一寸，爲寸脈；自肘之曲池穴上橫紋而前之，至于掔之橫紋適得一尺，爲尺脈。"不能不説，秦制簡牘長一尺，乃是長期的探索實踐的結果。

三、簡牘制度三大新發現之一
——簡牘券書與刻齒

　　自 20 世紀以來，大量的簡牘出土，極大地推動了對簡牘制度的研究，簡牘刻齒就是在此背景下被發現的，這是從對簡牘合同券書的研究開始的。1914 年，王國維在《流沙墜簡》中考釋一枚斯坦因從樓蘭遺址發掘所獲的簡，指出這是一枚取予合同券書。可惜由於他誤釋了簡首的"出"字，未能把"出""入"與"合同"券書聯繫在一起考察。他誤將"出佰師"讀爲"伍佰師"。拙文《釋"佰師"》考證"佰師"應爲"箅篩（筵）"，是一種篩子。（《文史》36 輯，中華書局）簡首的"出"字，説明這是一枚從倉庫領取篩子的券書。我們的研究就是從對樓蘭魏晉木簡文字的校證開始的。所謂的"出""入"文書，原爲一體，後來纔一分爲二，成爲"合同"券書，這是古代契約符書制度的重要内容。自 20 世紀 90 年代起，胡平生先後發表《木簡出入取予券書制度考》（《文史》36 輯）等多篇論文；而後又通過對長沙走馬樓三國吳簡和東牌樓漢簡簡牘券書制度的研究，指出簡牘券書合同符號爲"同"與"同文"及變異。1995 年，日本學者籾山明在調查了史語所收藏的居延漢簡和大英圖書館收藏的敦煌漢簡的刻齒形態後，發現了簡牘刻齒形態與數字的對應關係。他找到了不同形狀與大小的刻齒所表示的數值

"一""十""五十""一百""一千"，等等。（籾山明《刻齒簡牘考略》，《中國出土文字資料的基礎研究》，平成四年科學研究費補助金綜合研究（A）報告書，1993 年。宮長爲譯本，載《簡帛研究譯叢》第一輯，湖南出版社，1996 年。《刻齒簡牘初探——漢簡形態論》，《木簡研究》第 17 號，1995 年。胡平生譯本，載《簡帛研究譯叢》第二輯，湖南出版社，1998 年。）

$$[\Sigma] = 五千$$
$$[>] = 百$$
$$[\angle] = 五$$
$$[\rangle] = 十$$
$$[一] = 一$$

又：

$$[=] = 五$$
$$[-] = 一$$

這是漢代刻齒，里耶秦簡出土後，學者又將目光聚焦於秦簡刻齒。2012 年，湖南省文物考古研究所張春龍研究員與來自日本的"中國古算書研究會"的學者大川俊隆、籾山明教授及中國文化遺産研究院胡平生研究員合作，于 10 月 8 日至 12 日共同對湖南省文物考古研究所收藏的里耶古井第八層出土的帶有刻齒的 110 餘枚秦簡進行了仔細的調查研究，發現秦簡刻齒形狀具有獨特的形態。

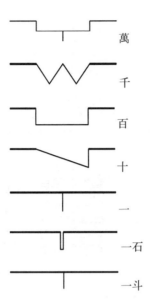

還有，斜線"／"，表示不足一升或一斗的半升半斗、少半升
和少半斗，用斜線"／／"，表示多半升或多半斗（在簡文中叫
做"泰半"）。

三辨券早見於文獻及出土資料記載。雲夢睡虎地秦簡
《秦律十八種·金布律》：

> 縣、都官坐效、計以負償者，已論，嗇夫即以其值錢
> 分負其官長及冗吏，而人與參辨券，以效少内，少内以收
> 責之。其入贏者，亦官與三辨券，入之。（《秦律十八
> 種》，80~81 簡）

張家山漢簡 M247《二年律令》：

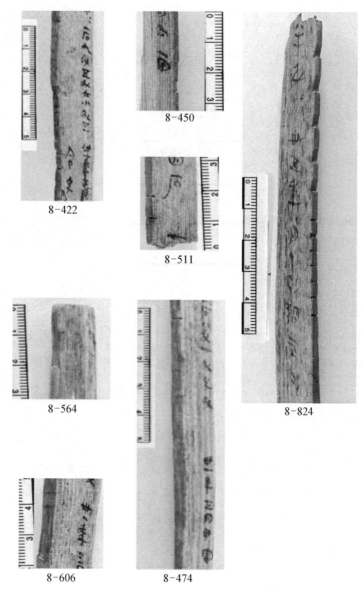

8-450

8-422

8-511

8-824

8-564

8-606

8-474

里耶秦簡刻齒簡圖（一）

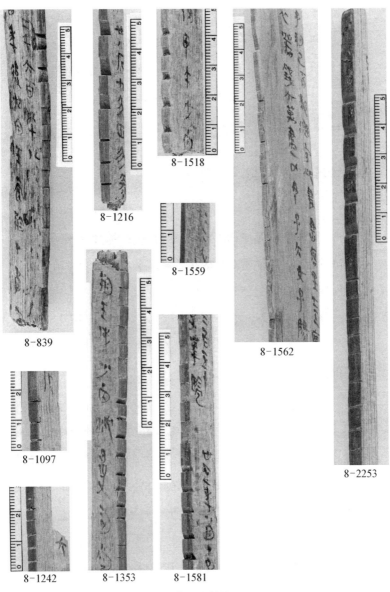

8-1518

8-1216

8-1559

8-839

8-1097

8-1562

8-1242

8-1353

8-1581

8-2253

里耶秦簡刻齒簡圖（二）

民欲先令相分田宅、奴婢、財物，鄉部嗇夫身聽其令，皆參辨券書之，輒上（334）如戶籍。有爭者，以券書從事；毋券書，勿聽。所分田宅，不為戶，得有之，至八月書戶，留難先令，弗為券書，（335）罰金一兩。（336）

《嶽麓秦簡》（伍）：

十三年三月辛丑以來，取（娶）婦嫁女必參辨券。不券而訟，乃勿聽，如廷律。前此令不券訟者，治之如內史（1099）

律。謹布令，令黔首明智（知）。　　廷卒□（1087）

《嶽麓秦簡》（肆）：

十三年六月辛丑以來，明告黔首：相貸資緡者，必券書吏，其不券書而訟，乃勿聽，如廷律。前此（0630）令不券書訟者，為治其緡，毋治其息，如內史律。（0609）

在西北漢簡中亦有三辨券的使用。守邊戍卒死亡後要將遺體裝入櫝檳，用三辨券緘封。

□□壽王敢言之，戍卒鉅鹿郡廣阿臨利里潘甲，病溫不幸死。謹與□□槥櫝，三絜堅約，刻書名縣爵里槥敦。三辨券書，其衣器所以收。　　（A　33/7. 31）

這裏的"三絜堅約"，指將槥櫝用三道繩索牢固地捆綁好。

出掾胡盛平斛品米三斛五斗二升六合　建安九年十二月二日付倉嗇夫文　受

入掾胡盛平斛品米三斛五斗二升六合　建安九年十二月二日付倉嗇夫文　受

入掾胡盛平斛品米三斛五斗二升六合　建安九年十二月二日付倉嗇夫文　受

這種平面的三辨券，應當是"常態"，但也有異形的三辨券。在我們見到過的其中一例是一份最爲典型的正背破別券書。那是一枚紅柳木質的簡，形狀如同一根小棍，約長 24.2 釐米，寬 0.8 釐米，厚 0.9 釐米，正背兩面都已寫好字，且已從正背

之間的當中處從上往下鋸出一道不到 0.2 釐米
的細縫，只留下簡尾約 2 釐米左右尚未鋸開。
想來如果出入、取予相關的雙方，對正背兩面
的文書表示認可、沒有疑義的話，只要輕輕一
掰，此簡即可一分爲二，成爲一份完整的契約
文書。這枚木簡的一側有表示數字的刻齒，刻
齒在"出"字面的右側，在"入"字面的左
側。在湖南省文物考古研究所，張春龍研究員
曾出示一枚用豎剖方式切割的三辨券。即與上舉
之例相似的小棍式的券書，被自上而下分割成三
片，留有兩道細縫，這顯然是一個"三辨券"。

在湖南省文
物考古研究
所，張春龍
研究員曾出
示一枚用豎
剖方式切割
的三辨券

四、簡牘制度三大新發現之二
——簡册背面刻痕

　　發現簡册背面有刻劃綫的是當時北大在
讀博士孫沛陽。據說，他在研究上博藏楚竹
書時曾注意到《周易》卦序及包山簡和一些
戰國秦漢竹簡背面有刻劃綫或墨綫，但未能
深究。後來，到北大參加了朱鳳瀚先生組織
的北大秦簡的整理工作，發現北大秦簡和漢
簡竹簡背面也有刻劃綫，並且常與竹簡編聯次序相關。後
來，他又考察了清華大學藏戰國竹簡（壹）、嶽麓書院藏秦

簡（壹），竹簡背後的刻劃綫，對簡冊刻劃綫有了更深入的研究。2011 年，他發表《簡冊背劃綫初探》一文，報告了他的研究成果（復旦大學出土文獻與古文字研究中心《出土文獻與古文字研究》第四輯，上海古籍出版社）。

關於竹簡背劃綫，我曾推測説，爲了讓竹簡編連時先後的順序不錯亂，古人想出了一個很巧妙的辦法，他們預先在準備剖開的竹筒的外面，也就是篾青的一面，刻劃出一道螺旋形的綫條，竹筒剖析後切割成一枚一枚的竹簡，只要按照刻劃斜線的連貫關係去排列，就能知道它們原本的順序。這對於竹簡的編聯起了十分重要的作用。

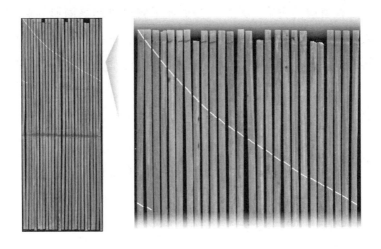

五、簡牘制度三大新發現之三——簡側墨綫

2012 年，石昇烜在臺大博士在讀期間，參加史語所重新整理

居延漢簡的工作。他觀察到，在居延漢簡上有的簡側有人爲繪上的墨綫。他研究墨綫製作的過程與用途，嘗試找出墨綫與簡册編聯及書寫的關係。他注意到在有些簡的側面有一些墨綫，數量可有1條、2條及以上等數種，墨綫與簡面文字有對應關係。簡側墨綫對應的簡面，形成欄位。書寫者可據此了解每一欄大概的書寫位置。簡側的墨綫可以作爲書寫時封欄的參考。當然在實際書寫時，書手參照簡側墨綫下筆的位置，未必精細，每一枚簡的字數和内容也有差異，因此各簡欄位中的字迹不見得都能精準對應。

石昇烜的發現，有兩個方面的意義。一是對古人書寫簡牘的姿勢的探究。簡側墨綫使我們想到，"伏几案而書"應該是較普遍的書寫方式。二是簡側墨綫可以作爲簡册編聯的依據。數枚簡在出土地相同、内容相近、格式和筆迹相似的狀況下，若簡側的墨綫又能對齊，他們很可能屬同一册子。

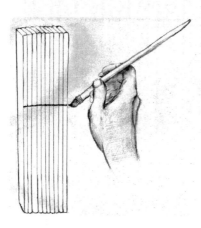

簡側墨綫製作示意圖
（邱安笛繪製）

當然，也不排除有些没有墨綫但内容相近、格式和筆迹相似的簡，可能也與這些有墨綫的簡同屬一册。

（石昇烜《再探簡牘編聯、書寫姿勢與習慣——以"中研院"史語所藏居延漢簡的簡側墨線爲線索》，《史語所集刊》八十八本之四分本，2018年。）

例五：簡 303.47（A35）　　　例六：簡 303.40（A35）

數據	長 22.6、寬 1.2、厚 0.30 釐米	數據	長 22.6、寬 1.2、厚 0.37 釐米
釋文	圖版（正面與右側）	釋文	圖版（正面與右側）
田卒昌邑國邵成里公士費叨之年廿四　　　　　　　　　　　袍一領　　單衣一領　枲履一兩　綺一兩　卩		田卒昌邑國邵宜年公士奉德年廿三　　　　　　　　　　　袍一領　　單衣一領　枲履一兩　綺一兩　卩	

例三九：簡 498.2（A35）　　　例四〇：簡 498.9（A35）

數據	長 11.9、寬 1.2、厚 0.28 釐米	數據	長 17.8、寬 1.1、厚 0.30 釐米
釋文	圖版（正面與右側）	釋文	圖版（正面與右側）
九月餘赤堇一　　毋出入		今餘鑒二百五　其百五十破傷不可用　五十五完	

例三五：簡 35.15（A8）　　　例三六：簡 89.6（A8）

數據	長 23.3、寬 1.3、厚 0.51 釐米	數據	長 16.9、寬 1.3、厚 0.21 釐米
釋文	圖版（正面與左側）	釋文	圖版（正面、左側、背面）

釋文（例三五）：

淮陽長平□里杍
〔閒〕□□〻
☒□〻
紅□□□〻
縹復襦〻
　□□兩〻
□兩□□二兩〻
☒　裘一四月壬寅同□□〻

釋文（例三六）：

大弩
小弩
□□
□□
□□
□□
□□
□□

例三三：簡 498.12（A35）　　例三四：簡 509.26（A35）

數據	長 14.6、寬 1.7、厚 0.34 釐米	數據	長 22.2、寬 2.6、厚 0.37 釐米
釋文	圖版（正面與右側）	釋文	圖版（正面與右側）

例三三 釋文：

淮陽郡新平第十五車襄平里陳尊

襲一領
復絳一兩
枲履二兩

例三四 釋文：

戍卒濟陰郡定陶池上里吏圂

縣官帛布袍一領［十］三斤
縣官絳襲襲一領四斤四兩
縣官帛布章一領
縣官帛布絝一兩七斤
縣官裘一領不閒

縣官枲履二兩
縣官綺二兩
縣官［犬絑］二兩
縣官革鞜二兩不閒

例三一：簡 111. 3（A14）　　　例三二：簡 313. 33（A8）

數據	長 5.1、寬 1.0、厚 0.27 釐米	數據	長 16.5、寬 0.7、厚 0.31 釐米
釋文	圖版（正面與右側）	釋文	圖版（正面、右側、背面）
戊午 丁亥 丁巳	 （簡面橫向刻劃痕）	·第四取六□□人□□ [戊寅] 己卯 庚辰 辛巳 [壬午] [癸未] □□ （正面） （背面）	

例三：簡 303.7（A35）　　　例四：簡 303.25（A35）

數據	長 23.4、寬 1.1、厚 0.31 釐米	數據	長 16.5、寬 1.2、厚 0.27 釐米
釋文	圖版（正面與右側）	釋文	圖版（正面與右側）
■ 右第二長官二處田六十五畞　租廿六石		■ 右家五田六十五畞租大石　廿一石八斗	

例二九：簡 435.6（P9）[18]　　　例三〇：簡 286.1（A8）

數據	長 9.5、寬 1.2、厚 0.45 釐米	數據	長 22.8、寬 1.3、厚 0.29 釐米
釋文	圖版（正面、右側、背面）	釋文	圖版（正面與右側）

例二九釋文（正面、右側、背面）：

目憲

左目潤　右目潤　第八

（背面）　（正面）

（右側局部放大，紅圈處疑原有墨線）

例三〇釋文（正面與右側）：

目
辛巳
壬午
癸未
甲申
乙酉
丙戌
丁亥
戊子
己丑
庚寅

例二七：簡 303.17（A35）　　例二八：簡 192.24（A35）

數據	長 23.0、寬 1.2、厚 0.45 釐米	數據	長 23.0、寬 1.1、厚 0.34 釐米
釋文	圖版（正面與右側）	釋文	圖版（正面與右側）
守望亭北禾弟九十三町　廣三步長七步　　積廿一步		驛馬一匹　　用食三石六斗　　已得七十二石少七十八石六斗	

例一一：簡 513.35+　　　　　例一二：簡 513.48+
509.12（A35）[16]　　　　　513.46+509.3（A35）[17]

數據	長 22.7、寬 1.1、厚 0.30 釐米	數據	長 20.5、寬 1.2、厚 0.21 釐米
釋文	圖版（正面與右側）	釋文	圖版（正面與右側）
田卒昌邑國邸靈里公士朱廣年廿四　　襲一領 單衣一領　泉履一兩 綺一兩 卩		☑〔長〕忠年☑　　☑袍一領 ☑一領　泉履一兩 綺一兩 卩	（第一道墨線下方沾染墨跡）

例九：簡 513. 41＋513. 8＋
509. 22（A35）[15]

例一〇：簡 509. 30（A35）

數據	長 22.5、寬 1.2、厚 0. 37 釐米	數據	長 22.5、寬 1.3、厚 0. 30 釐米
釋文	圖版（正面與右側）	釋文	圖版（正面與右側）
田卒昌邑國邵成里公士公丘異　　襲一領　單衣一領　枲履一兩　綺一兩　卩		田卒昌邑國邵靈里公士〔蓬〕建　　襲一領　單一領　枲履一兩　綺一兩　卩	

例五簡 303.47 右側
第一道墨線局部放大圖

A 組例五至一二所組成的簡册（右側）

　　長沙走馬樓三國吳簡之《嘉禾吏民田家莂》，俗稱"大木簡"，是長約 50 釐米的木簡，這是一種繳納糧錢布稅賦的券書，其形制比較特別。其頂端爲券書的合同符號，最上部爲納税戶人的基本情形，其下有一道以利器刻劃的橫綫。其作用與用墨綫標明界欄，異曲同工。

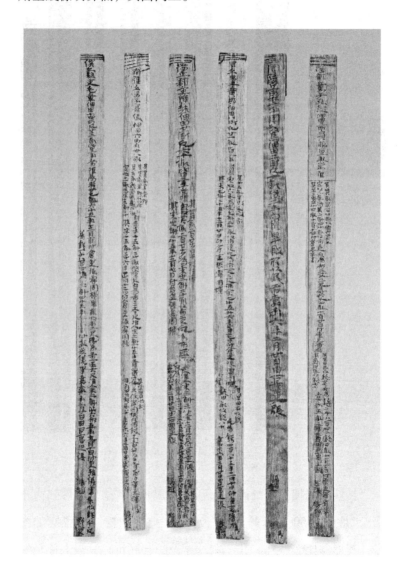

《簡牘檢署考》校注

書契之用，[1]自刻畫始。金石也，[2]甲骨也，[3]竹木也，[4]三者不知孰爲後先，而以竹木之用爲最廣。竹木之用，亦未識始於何時。以見於載籍者言之，[5]則用竹者曰"册"。《書·金縢》"史乃册祝"，[6]《洛誥》"王命作册逸祝册"，[7]《顧命》"命作册度"。[8]"册"字或假"鞭策"之"策"字爲之。[9]《聘禮》"百名以上書於策"，[10]《既夕禮》"書遣於策"，[11]《周禮·内史》"凡命諸侯及公卿大夫，皆策命之"，[12]《左傳》"滅不告敗，克不告勝，不書於策"，[13]又"名藏在諸侯之策"是也。[14]曰"簡"。《詩·小雅》"畏此簡書"，[15]《左傳》"執簡以往"，[16]《王制》"太史執簡記"[17]是也。用木書者曰"方"。《聘禮》"不及百名書於方"，[18]《既夕禮》"書賵於方"，[19]《周禮·内史》"以方出之"，[20]《哲簇氏》"以方書十日之號"是也。[21]曰"版"。《周禮·小宰》"聽閭里以版圖"，[22]《司書》"掌邦人之版"，[23]《大胥》"掌

江蘇儀徵胥浦 101 號漢墓出土的遣策（摹本），記墓主朱君隨葬衣物

馬王堆 1 號漢墓遣册

學士之版",[24]《司士》"掌
群臣之版",[25]《司民》"掌
民之數,自生齒以上,皆
書於版"是也。[26]日"牘"。
《韓詩外傳》(七)"周舍
見趙簡子云'墨筆操牘'"
是也。[27]竹木通謂之"牒",
亦謂之"札"。司馬貞《史
記索隱》"牒,小木札
也",[28]顏師古《漢書》注
"札,木簡之薄小者也",[29]
此謂木牒、木札也。《説文》

加拿大多倫多
皇家博物館藏
東漢墓磚上的
操牘者

(六)"簡,牒也",又(七)"牒,札也",[30]
《論衡》(十二)《量知篇》"截竹爲筒,破
以爲牒",[31]《文心雕龍》(五)"短簡編
牒",[32]此謂竹牒也。《左傳》疏"單執一札,
謂之爲簡",[33]此謂竹札也。

《山東漢畫像石
選集》圖 541
中的操牘者

　　殷周制度,雖不可得而詳,然戰國以降,則可略述焉。

　　簡策之別,舊説不一。鄭康成《儀禮》《禮記》注、[34]杜元
凱《左傳》注,[35]皆云:"策,簡也。"賈公彥《儀禮》疏謂:
"簡據一片而言,策是連編之稱。"[36]孔穎達《左傳》疏亦曰:
"單執一札,謂之爲簡,連編諸簡,乃名爲策。"[37]是賈、孔二
君,均以簡爲策中一札。然孔氏於《尚書》疏又引顧彪説曰:

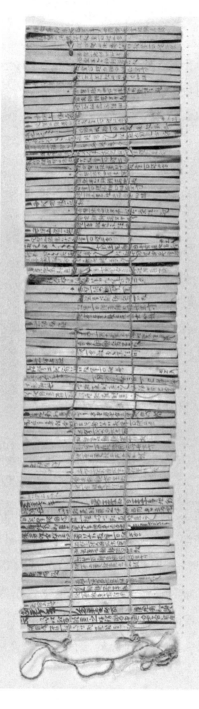

連編諸簡，乃名爲策（册）

居延漢簡：永元器物簿。全册長 0.91 米，這是目前發現保存編聯最長的簡册。臺北史語所文物館收藏。

"二尺四寸爲策，一尺二寸爲簡。"[38]則又以長短別之。前説是也。

古策有長短，最長者二尺四寸，其次二分而取一，其次三分取一，最短者四分取一。《論衡》（十二）《量知篇》："截竹爲筒，破以爲牒，加筆墨之蹟，乃成文字，大者爲經，小者爲傳記。"[39]又（十二）《謝短篇》："二尺四寸，聖人文語，朝夕講習，義類所及，故可務知。漢事未載於經，名爲尺籍短書，比於小道，其能，非儒者之責也。"[40]案，《説文》（五）引莊都説："典，大册也。"[41]而五帝之書名"典"，[42]則以策之大小爲書之尊卑，其來遠矣。周末以降，經書之策皆用二尺四寸。《儀禮》疏引鄭作《論語序》云：[43]"《易》[44]《詩》《書》《禮》《樂》[45]《春秋》策，皆長尺二寸。《孝經》謙半之，[46]《論語》八寸策，又謙焉。"[47]案，"尺二寸"當作"二尺四寸"。《左傳》疏云："鄭元注《論語序》，[48]以《孝經鈎命決》云：'《春秋》二尺四寸書，《孝經》一尺二寸書。故知六經之策，皆長二尺四寸。'"[49]《通典》（五十四）封禪使許敬宗等奏：[50]"案，《孝經鈎命決》云：'六經策長二尺四寸，《孝經》策長一尺二寸。'"[51]則賈疏之"尺二寸"爲"二尺四寸"之訛，無疑也。以上三説，賈、孔二君僅見康成《論語序》，未見《鈎命決》原文，而所引鄭《序》，又皆僅掇其意，不盡舉其辭。細繹之，[52]則鄭之所以知六經策皆二尺四寸者，亦第據《鈎命決》所云《春秋》策推之，[53]並未親見六經策。蓋鄭君生年後於王仲任，[54]其時中原簡策制度，已有變易。《後漢書·周

六經策長

武威漢墓出土《儀禮》簡册，摹本，簡長 55.5～56.2 釐
米，約合漢尺二尺四寸，與文獻記載相合。

阜陽雙古堆西漢汝陰侯墓出土《詩經》簡冊復原圖，簡長
23~23.4釐米，約合漢尺一尺至一尺二寸，與文獻記載不合

磐傳》：磐遺令“編二尺四寸簡，寫《堯典》一篇，以置棺前。”[55] 蓋其時舊制漸廢，故磐特用之，史亦著之云爾。且不獨古六經策爲二尺四寸也。荀勗《穆天子傳序》：“古文《穆天子傳》者，太康二年汲縣民不準盜發古冢所得書也，皆竹簡，素絲編，以臣勗前所考定古尺度其簡，長二尺四寸，以墨書，一簡四十字。”[56] 則周時國史記注策，亦二尺四寸也。禮制法令之書亦然。《後漢書·曹褒傳》：“褒撰天子至於庶人冠昏吉凶終始制度，以爲百五十篇，寫以二尺四寸簡。”[57] 則禮書之制也。《鹽鐵論》（下）《貴聖篇》：“二尺四寸之律，古今一也。”[58] 則律書之制也。此上所云尺寸，皆漢尺，非周尺。周尺二種：一以十寸爲尺，一以八寸爲尺。［案，[59] 周尺之制，其説不一。《隋書·律曆志》以周尺與漢尺爲一種，[60] 漢人則多用周八寸爲尺之説，今以經傳考之，則《考工記》言琬圭九寸，[61] 琰圭九寸，璧琮九寸，大璋中璋九寸，不云尺一寸也。[62]《國語》：“其長尺有咫。”[63] 不云二尺二寸也。[64]《左傳》：“天威不違顏咫尺。”[65] 咫尺並言，明咫自爲咫，尺自爲尺也。《禮·檀弓》：“榛以爲笄，長尺而總八寸。”[66] 明尺自爲尺，八寸自八寸也。然《説文·尺部》：“咫，中婦人手，長八寸，周尺也。”[67] 又《夫部》：“夫，丈夫也。周制八寸爲尺，十尺爲丈，人長八尺，故曰丈夫。”[68]《論衡》（二十八）《正説篇》：“周以八寸爲尺。”[69]《獨斷》：“夏十寸爲尺”，“殷九寸爲尺”，“周八寸爲尺”。[70]《通典》（五十五）引《白虎通》：“夏十寸爲尺”，“殷十二寸爲尺”，“周八寸爲尺”。[71]《禮·王制》：“古者以周尺八尺爲步，今以周尺六尺四寸爲步。"鄭注："周尺之數，未詳聞也。據禮制，周猶以十寸爲尺，蓋六國時多變亂法度。或言周尺八寸，則步更爲八八六十四寸。"[72]則周時自有八寸尺。鄭君之解，可謂明通。至周代，此二種尺用於同時，或用之有先後，則不可考也。]其以八寸爲尺者，漢之二尺四寸，正當周之三尺，故《鹽鐵論》言"二尺四寸之律"，而《史記·酷吏傳》稱"三尺法"，[73]《漢書·朱博傳》言"三尺律令"，[74]蓋猶沿用周時語也。《南齊書·文惠太子傳》："時襄陽有盜發古塚者，相傳云是楚王塚，大獲寶物，玉屐、玉屏風、竹簡書、青絲編。簡廣數分，長二尺，皮節如新。盜以把火自照，後人有得十餘簡，以示撫軍王僧虔。僧虔云是科斗書《考工記》，《周官》所闕文也。"[75]案，齊尺長短，史無明文。《隋書·律曆志》謂："宋氏尺比晉前尺（與漢尺同）一尺六分四釐，梁朝俗間尺比晉前尺一尺七分一釐。"[76]齊尺當在宋梁之間，南齊二尺，大抵當漢二尺一寸有奇。則《考工記》竹簡，殆亦爲漢之二尺四寸，而史特舉其成數耳。此最長之簡也。二分取一，則得一尺二寸。《鈎命決》所云《孝經》策是也。漢以後官府册籍，亦用一尺二寸。《漢書·元帝紀》注："應劭曰：'籍者，爲尺二竹牒，（今本作"二尺竹牒"，從《玉海》八十五所引，[77]及崔豹《古今注》下改正。[78]）記其年紀、名字、物色，懸之宮門。'"[79]《續漢書·百官志》亦云："凡居宮中者，皆有口籍於門之所屬。宮名兩字，爲鐵印文符，案省符乃納之。"注引胡廣曰："符用木，長尺二寸。"[80]蓋始用竹，而後改爲木也。《太平御覽》（六百六）引《晉令》：
"郡國諸户口黄籍，皆用一尺二寸札，已在官役者載名。"[81]疑
亦用漢制也。三分取一爲八寸，《論語》策是也。《論衡》（二
十八）《正説篇》："説《論》者，皆知説文解語而已，不知
《論語》本幾何篇；但周以八寸爲尺，不知《論語》所獨一尺
之意。夫《論語》者，弟子共記孔子之言行，勅紀之時甚
多，數十百篇，以八寸爲尺，紀之省約，懷持之便也。以其
遺非經傳文，紀識恐忘，故以但八寸尺，不二尺四寸也。"[82]
又《書解篇》云："秦雖無道，不燔諸子，諸子尺書，文書
具在。"[83]此尺書當亦以八寸尺言。則諸子亦八寸策也。四分
取一爲六寸，符、筭是也。《説文》（五）："符，信也。漢
制以竹長六寸，分而相合。"[84]又："筭，長六寸，紀歷數
者。"[85]此種短簡，連編不易，故不用於書籍。唯符信之但需
二印相合者，始用之。筭籌則本分别用之，亦以短爲便。故
周時用一尺二寸者，漢亦用六寸。此周秦兩漢間簡策種類之
大略也。

筭之爲策，或頗疑之。然由其制度及字形觀之，則爲策之
一種，無可疑也。《禮·投壺》："筭長尺有二寸。"[86]《鄉射
禮》則云："箭籌八十，長尺，有握，握素。"鄭注："箭，篠
也。籌，筭也。""握，本所持處也。素，謂刊之也。刊本一
膚。"賈疏："長尺，復云有握，則握在一尺之外，則此籌尺
四寸矣。"[87]其尺寸與《投壺》不同，蓋此以周八寸尺言，而
《投壺》以十寸尺言，其實一也。若計歷數之筭，則其長半

之，此當由便於運算之故。《漢書·律曆志》："筭法用竹六寸，徑一分，長六寸。"[88]《説文》亦云："筭，長六寸。"尺二寸與六寸，皆二尺四寸之分數，其出於策之遺制，明矣。[89] 又，古者史官，一名作册。[90]其於文字，从手執中。[91]中者，册也。故册祝、册命，及國之典册，史實掌之。而《大射禮》實筭、釋筭亦太史之事。[92]明策之與筭，非異物也。故古筭字往往作筴。筴者，策之別字也。《既夕禮》："主人之史請讀賵，執筭從，柩東。"鄭注："古文筭，皆作筴。"[93]《老子》："善計者，不用籌策。"[94]意謂不用籌筭也。《史記·五帝本紀》："迎日推筴。"《集解》引晉灼曰："筴，數也，迎數之也。"[95] 案，《説文》"算，數也"，[96]則原文當作"迎日推筭"，又借"筭"爲"算"也。漢《張遷碑》："八月筴民。"[97]亦以"筴"爲"算"之證。又，古者筮亦用筭以代蓍，故言龜策者，多於言蓍龜。[98]《易·繫辭傳》言"乾之策"，"坤之策"。[99]《曲禮》言"龜筴敝，則埋之"，"倒筴側龜于君前，有誅"，"龜筴不入公門"，"龜爲卜，筴爲筮"。[100]《秦策》言"錯龜數策"，[101]《楚辭》言"端策拂龜"，[102]《韓非子》言"鑿龜數策"，[103]《史記》有《龜策傳》。[104]皆以龜策並稱。筮字從竹，當亦由此。愚意此字或竟从筴，而《周禮》之簭，小篆之籭，均非其本字。[105]本字當从筴从口（即《周禮》簭字所從出），或从筴从廾（即小篆籭字所從出）。一象筴在下韇中，[106]一象兩手奉筴之形，於義爲長。是以古筭、筴互相通假，筮、筴二字亦然。《士冠禮》："筮人執筴抽上韇，兼執之，進受命於主

包山楚簡卜筮祭禱

釋文：……
東周之客許經歸胙於蔵郢之歲，遠夕之月
癸卯之日，苟光以長惻爲左尹昭㲱貞：病腹疾，以少
氣，尚毋有咎。占之：貞吉，少未已。以其故說之，厭於野地主一䐓，宮地
主一䐓。

207

釋文：
宋客盛公邊聘於楚之歲，荆夷之月乙未之日，
鹽吉以保家爲左尹㲱貞：自荆夷之月以就荆夷
之月，出入事王，盡卒歲，鉛身尚毋有咎。占之：恒貞吉，少
有戚

197

（釋文承朱曉雪教授提供，謹致謝忱。）

人。"是言筮儀也。[107]而《特牲饋食禮》則云："筮人取筮於西塾，執之，東面受命於主人。"[108]《少牢饋食禮》則云："史朝服，左執筮，右抽上韇，兼與筮執之，東面受命於主人。"又云："抽下韇，左執筮，右兼執韇以擊筮。"又云："吉，則史韇筮，史兼執筮與卦，以告於主人。"[109]鄭注《特牲饋食禮》之"筮人取筮"曰："筮人，官名也。筮，問

也。取其所用，問神明者，謂蓍也。"[110]其實，"取筮""執筮""擊筮""韇筮"之"筮"，均當作"筴"。鄭君於《士冠禮》《既夕禮》注亦皆云："韇者，藏筴之器。"[111]而此獨云"筮，問也"，殊爲迂曲，必爲"筴"字無疑。然則筮也，筴也，筭也，實非異物也。故知"筭"爲"策"之一種也。

製策之始，所以告鬼神，命諸侯，經所謂"册祝""策命"是也。[112]《説文》（二）："册，符命也，諸侯進受於王者也。象其札一長一短，中有兩編之形。"[113]此言"王"言"諸侯"，殆謂周制。《史記·三王世家》："褚先生曰：'孝武帝之時，同日而俱拜三子爲王……爲作策以申戒之……至其次序分絶，文字之上下，簡之參差長短，皆有意，人莫之能知。'"[114]則漢策亦有長短也。後漢猶然。《獨斷》云："策書。策者，簡也……其制長二尺，短半之。（此或較古制稍短，或舉成數，[115]不可考。）其次一長一短，兩編，下附篆書，起年月日，稱皇帝曰，以命諸侯、王、三公。"[116]自是以降，訖於北齊，仍用此制。《隋書·禮儀志》後齊"諸王、三公、儀同、尚書令、五等開國、太妃、妃、公主封拜册，軸長二尺，以白練衣之。用竹簡十二枚，六枚與軸平，六枚長尺二寸。文出集書，皆篆字。哀册、贈册亦同"是也。[117]《釋名》（六）："簡，間也，編之篇篇有間。"[118]殆亦長短相間，故云"篇篇有間"也。初疑此制惟策命之書爲然，未必施之書籍。然古書之以策名者，有《戰國策》。劉向《上

〈戰國策〉書序》："中書本號，或曰《國策》，或曰《國事》，或曰《短長》，或曰《事語》，或曰《長書》，或曰《修書》。"[119] 竊疑周秦游士甚重此書，以策書之，故名爲策。以其札一長一短，故謂之《短長》。比尺籍短書，其簡獨長，故謂之《長書》《修書》。劉向以戰國時游士輔所用之國，爲之策謀，定其名曰《戰國策》。以"策"爲策謀之"策"，蓋已非此書命名之本義。[120] 由是觀之，則雖書傳之策，亦有一長一短，如策命之書者。至他書盡如此否，則非今日所能臆斷矣。

　　若一簡行數，則或兩行，或一行。字數則視簡之長短以爲差，自四十字至八字不等。《晉書·束皙傳》："有人於嵩高山下得竹簡一枚，上兩行科斗書，傳以相示，莫有知者。司空張華以問皙，皙曰：'此漢明帝顯節陵中策文也。'"[121]《穆天子傳》簡長二尺四寸，而一簡四十字，[122] 恐亦兩行。然以一行爲常。《左傳》疏云："簡之所容一行字耳。"[123]《尚書》本二尺四寸策。《聘禮》疏引鄭注云："《尚書》三十字一簡。"[124]《漢書·藝文志》："劉向以中古文（《尚書》）校歐陽、大小夏侯三家經文，《酒誥》脱簡一，《召誥》脱簡二。率簡二十五字者，脱亦二十五字。簡二十二字者，脱亦二十二字。"[125] 今《康誥》篇首一節，其爲《洛誥》脱簡無疑，共四十八字，以劉向所説者差之，當爲兩簡，則一簡二十四字。[126] 以二尺四寸策，而每簡二三十字，則一行可知。《左傳》之策當短於《孝經》，或用八寸策。《聘禮》疏引服虔注："左氏曰：古文篆書，一簡八字。"[127]當亦每簡一行也。此外，《易》《詩》《禮經》《春秋》策之長短與《尚書》同，則字數亦當如之。《禮記》爲釋經之書，其策當視《左傳》。今考《記》中錯簡，則《玉藻》錯簡六，計三十五字、三十一字者各一，二十九字者二，二十六字者一，八字者一。[128]《樂記》錯簡二，一爲五十一字，一爲四十九字。[129]《雜記》錯簡四，一二十一字，與十九字相錯；一二十九字，與十八字相錯。[130]唯《玉藻》之"王后褘衣，夫人揄狄"一簡，[131]獨爲八字。由此推之，則五十一字、四十九字者，當由五簡相錯；三十五字、三十一字、二十九字者，當由三簡相錯。其二十六字者，簡末"天子素帶，朱裏，終辟"，與下簡之首"而朱裏，終辟"五字不接，其下當脱爛"諸侯□□"四字，并脱字計之，共三十字，則亦三簡也。[132]其二十一字、十九字、十八字者當爲二簡，則每簡一行可知也。

上古簡策書體，自用篆書。至漢晉以降，策命之書亦無不用篆者。《獨斷》云："策書，篆書，三公以罪免，亦賜策文，如上策，而隸書，以尺一木兩行。惟此爲異。"[133]《通典》（五十五）晉博士孫毓議曰："今封建諸王，裂土樹藩，爲册告廟，篆書竹册，執册以祝，訖，藏於廟。（中略）四時享祀祝文，事訖，不藏。故但禮稱祝文，尺一白簡（此簡字謂木簡，猶《獨斷》之以尺一木爲策也），隸書而已。"[134]然則事大者用策，篆書；事小者用木，隸書，殆爲通例。《隋志》言北齊封拜册用篆字，[135]蓋亦用漢晉之制也。孔安國《尚書序》云：

"兩行簡"

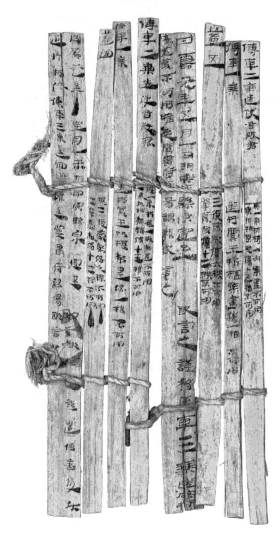

1. 敦煌懸泉置遺址出土的簡冊，其中有數簡是"兩行"，簡
面呈屋脊形。

釋文：

布被三直三千新布單衣二直　千八百五幅故被一直六百布　複長襦一直二千布複緄一

直四百五十布複帬二直千四　百葛單衣一直八百捕魚　罔二其一新直千五百

　　　　　　百葛單衣一直八百捕魚　　罔二其一新直千五百　布

2. 敦煌馬圈灣出土的西
漢晚期的"兩行"，
簡面呈屋脊形。

3. 長沙五一廣場
東漢簡牘中的
"兩行"簡

“以所聞伏生之書，考論文義，定其可知者，爲隸古定，更以竹簡寫之。”[136]則漢時六經之策似用隸書，然孔《傳》贋作不足信。[137]又，漢經籍雖有古、今文之分，然所謂今文，對古籀言之，亦不能定其爲篆、爲隸。唯漢時宫籍獄辭亦書以簡，則容有用隸書之事。又書傳所載，似簡策亦有用草書者，則殊不然。《史記・三王世家》：“褚先生曰：‘臣幸得以文學爲侍郎，好覽觀太史公之列傳。列傳中稱《三王世家》文辭可觀，求其世家終不能得。竊從長老好故事者，取其封策書，編列其事而傳之。（中略）謹論次其真草詔書，編於左方。’”[138]顧氏炎武《日知録》（二十一）據此遂謂：“褚先生親見簡策之文，而孝武時詔已用草書。”[139]然褚先生所謂真草詔書，蓋指草稿而言。封拜之册，諸王必攜以就國，則長老好故事者所藏，必其草稿無疑，未足爲草書策之證也。宋黄伯思《東觀餘論》（上）《漢簡辨》云：“近歲關右人（上條《記與劉無言論書》云：‘政和初，人於陝右發地，得竹木簡一甕。’）發地得古甕，中有東漢時竹簡甚多，往往散亂不可考，獨《永初二年討羌符》，文字尚完，皆章草書，書蹟古雅可喜。其詞云云。”[140]則漢時似真有草書之簡。然據趙彦衛《雲麓漫鈔》（七）所紀，則不云“竹簡”，而云“木簡”，且謂吴思道親見之於梁師成所，其言較爲可據，[141]則以章草書簡均無確證，或竟專用篆、隸矣。[142]

簡牘草書

為右竹簿 文家在十万十日今□隊為羡摘示馬土日卬 40

前去時遺使來會十一月十日今豫馬責備不到十二日即 40

嬴瘦困㢮悶以當與第一輩兵俱去以私泉獨為雜穀 41

即聞第一輩起居離煩後遺臺佗馳告之續暴德義 42

少罷馬但食枯葭欽水恐臺死欲還又迫策上責 43

憒甚 44

□在中未與相見其導三人在泉都期時來 45

多問陳司馬觥司馬願歎、相閒馬懷欲移郡善毋使行也 46

泉此欲大出兵之意也中軍募擇士泰百二十人錫泉人六□ 47

到責未報閒可寫下其泰以俊事不願知指一傳馬皆大齒 48

追情期於不失利□ 49

敦煌馬圈灣出土的王莽天鳳年間的草書書信簡。這批書信記録了王莽派遣軍隊征伐西域的經過和失敗的情形。(釋文未校正)

釋文：

支（枝）格相連府君之德洋溢（溢）不測仁恩孔隆澤及昆虫（蟲）莫敢攄去因巢而處为（爲）狸狌得圍樹以棘

2. 尹灣漢簡《神烏賦》（草書）

　　至簡策之文，以刀書，或以筆書，殊不可考。《考工記》：“築氏爲削。”鄭注：“今之書刀。”賈疏：“古者未有紙筆，則以削刻字。至漢雖有紙筆，仍有書刀。”[143]案，漢之書刀，殆用以削牘，而非用以刻字，故恒以刀筆並言。雖殷周之書，亦非盡用刀刻。《大戴禮・踐阼篇》師尚父謂黃帝、顓頊之道“在丹書”。[144]《周禮・司約》：“小約劑，書於丹圖。”[145]《左傳》：“斐豹，隸也，著於丹書。”[146]鄭注《周禮》云：“丹圖未詳。”[147]杜注《左傳》云：“以丹書其罪。”案，《越絕書》（十三）云：“越王以丹書帛，致諸枕中，以爲國寶。”[148]則杜説

書　刀

1. 陝西歷史博物館藏

2. 濟寧博物館藏

殆是也。至周之季年，則有墨書。《管子》（九）《霸形篇》：
“令百官有司，削方墨筆，明日皆朝於太廟之門，朝定令於百
吏。”[149]《韓詩外傳》（七）：“周舍見趙簡子曰：‘臣願爲諤諤
之臣，墨筆操牘，從君之後，伺君之過而書之。’”[150]此足爲
周時已有墨書之據。且汲冢所出《穆天子傳》，必書於魏安釐
王以前，而爲墨書。（見上[151]）則戰國以後，殆無有用刀刻者
矣。[152]（古又有漆書之説。《後漢書·杜林傳》：“林前於西州
得漆書《古文尚書》一卷。”[153]又《儒林傳》：“有私行金貨，
定蘭臺漆書經字，以合其私文。”[154]案，周末既有墨書，則漢時
不應更有漆書。蓋墨色黑而有光，有類於漆，故謂之漆書。且
杜林所得《古文尚書》，云“卷”而不云“篇”，[155]則其書當爲
縑帛而非簡策。簡策用漆，殊不足信也。）

孔子傳記圖漆文

南昌劉賀墓出土穿衣鏡漆文，有孔子畫像及其傳記文字。

策之編法，用韋或絲。《史記·孔子世家》："孔子晚而喜《易》，讀《易》，韋編三絶。"[156] 此用韋者也。《穆天子傳》以素絲編，[157]《考工記》以青絲編，[158]（並見上）《孫子》以縹絲編。（見《御覽》引劉向《別録》）[159] 此用絲者也。至編次之狀，則《説文》所謂中有二編，《獨斷》所謂"兩編"者是，觀篆文 𰃦 字之形可悟矣。

漢、魏以後，兩簡相連之處，並作欮縫。[160] 顏師古《匡謬正俗》（六）："欮縫，此語言元出魏晉律令。《字林》本作'欮，刻也'。古未有紙之時，所有簿領，皆用簡牘，其編連之處，恐有改動，故於縫上刻記之，承前以來，呼爲欮縫。"[161]

此即六朝以後印縫、押縫之所由出，未必爲周、秦、漢初之制也。（《説文·刀部》：“券別之書，以刀判契其旁，故曰書契。”[162]此爲古制或漢制，許君不言。鄭玄《周禮·質人》注：“書契，取予市物之券也。其券之象，書兩札，刻其側。”[163]此亦與魏、晉之鐷縫略同。然恐許、鄭二君以契字爲刊刻之義，故望文訓之，未必周制如是也。）

　　周時方版尺寸，蓋不可得而詳。若秦漢以降之牘，則其制度可略言焉。牘之未成者爲槧。《説文》（七）：“槧，牘樸也。”[164]《論衡·量知篇》：“斷木爲槧，析之爲板，力加刮削，乃成奏牘。”[165]此槧之本義也。牘之未製者，必長於常牘，故牘之長者亦稱爲槧。《西京雜記》（三）：“揚子雲好事，常懷鉛提槧，從諸計吏，訪殊方絶域四方之語。”[166]《釋名》（六）：“槧，板之長三尺者也。槧，漸也，言其漸漸然長也。”[167]顏師古《急就篇》注（三）亦云，[168]此後起之義也。牘之最長者爲槧，其次爲檄，長二尺。《説文》（六）：“檄，二尺書。”段氏玉裁注據《韻會》所引《説文繫傳》及《後漢書·光武紀》注所引《説文》改爲“尺二書”，[169]然宋本《説文繫傳》實作“二尺書”。[170]又，《史記索隱》於《張儀》《韓信》二傳中兩引《説文》，[171]《藝文類聚》（五十八）、[172]《太平御覽》（五百九十七）、[173]元應《一切經音義》（十）所引《説文》，[174]與顏師古《漢書·申屠嘉傳》《急就篇》注均作“二尺”，[175]不作“尺二”，段改非是。其次爲傳信，長一尺五寸。《漢書·孝平紀》“一封軺傳”注：“如淳曰：‘律，諸當乘傳及發駕置

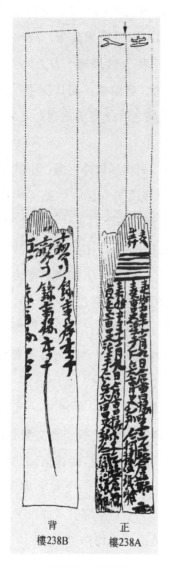

背　　正
樓238B　樓238A

樓蘭出土晉簡

長沙東牌樓漢簡

傳者，皆持尺五寸木傳信，封以御史大夫印章’”是也。[176]其次爲牘，長一尺。《漢書·游俠傳》：“陳遵與人尺牘，主皆藏弄之，以爲榮。”[177]《説文》（七）：“牘，書版也。”[178]《後漢書·北海靖王興傳》《蔡邕傳》注皆云：“《説文》曰：‘牘，書版也。’長一尺。”[179]蓋通行之制也。唯天子詔書獨用尺一牘。《史記·匈奴傳》“漢遺單于書牘以尺一寸”，[180]《漢舊儀》之“尺一板”（《續漢志注》《大唐六典》《通典》諸書引），[181]《漢儀》之“尺一詔”（《御覽》五百九十三引），[182]《獨斷》之“尺一木”，皆是也。[183]漢人又單謂之“尺一”。《後漢書·楊賜傳》云“斷絶尺一”，[184]《李雲傳》云“尺一拜用”，[185]《儒林傳》云“尺一出升”，[186]《續漢書·五行志》云“尺一雨布”，[187]皆是。《魏志·夏侯玄傳》“先是有詐，作尺一詔書，以玄爲大將軍”，[188]則魏制猶然。漢時以長牘爲尊，故臣下用一尺，天子用尺一。至中行説教單于用尺二寸牘，乃用以誇漢，非定制。[189]惟封禪玉牒，其制仿牘爲之，而長尺三寸，此又非常大典，不能以定制論也。魏晉以後，寖以加侈，[190]有至一尺二寸者。《通典》（五十八）注：“晉六禮版（聘皇后用），長尺二寸，以象十二月；博四寸，以象四時；厚八分，以象八節。皆真書。”[191]又有至一尺三寸者。《隋書·禮儀志》：“後齊正旦，侍中宣詔慰勞州郡國使。詔牘長一尺三寸，廣一尺，雌黄塗飾，上寫詔書三。”[192]又有二尺五寸者。《隋志》：後齊“頒五條詔書於諸州郡國使人，寫以詔牘一版，長二尺五寸，廣一尺三寸，亦以雌黄塗飾，上寫詔書。正會依儀宣示使人，歸以告刺史二千石”。[193]此二事殆因所書非一詔，又或因宣示使人，故書以大牘，自非常制。若漢時之牘，則僅有一尺、尺一兩種，此外別無所聞。又其次則爲五寸，門關之傳是也。《漢書·孝文帝紀》：“除關無用傳。”[194]案，傳信有二種。[195]一爲乘驛者之傳，上所云“尺五寸”者是也。一爲出入關門之傳，鄭氏《周禮》注所謂“若今過所文書”是也。[196]其制則崔豹《古今注》云：“凡傳皆以木爲之，長五寸，書符信于上。又以一板封之，皆封以御史印章。”[197]此最短之牘也。此二者一爲乘傳之信，一爲通行之信；一長尺五寸，一長五寸；一封以御史大夫印章，一封以御史印章。尊卑之別，顯然可知。由是觀之，則秦、漢簡牘之長短，皆有比例存乎其間。簡自二尺四寸，而再分之，三分之，四分之；牘則自三尺（檠），而二尺（檄），而尺五寸（傳信），而一尺（牘），而五寸（門關之傳）。一均爲二十四之分數，一均爲五之倍數，此皆信而可徵者也。

簡之長短皆二十四之分數，牘皆五之倍數，意簡者秦制，牘者漢制歟![198]案，《史記·秦始皇本紀》：“數以六爲紀，符、法冠皆六寸。”[199]六寸之符，本爲最短之策，自是而一尺二寸正得其二倍，二尺四寸正得其四倍。又以秦一代制度推之，無往而不用六爲紀。秦刻石文以三句爲一韻，一句四字，（《史記》所錄文中，“二十有六年”“二十有九年”“三十有七年”皆當作“廿有六年”“廿有九年”“卅有七年”，觀嶧山刻石可知。）三句十二字。十二字者，六之一倍也。故碣石刻石文，九韻，一百八字，爲六之十八倍。泰山、之罘、東觀、嶧山諸刻皆十二韻，一百四十四字，爲六之二十四倍。會稽刻石二十四韻，二百八十八字，爲六之四十八倍。唯琅琊臺刻石，頌文二句一韻，然用三十六韻，二百八十八字，亦六之四十八倍也。[200]不獨字數爲然，以韻數言之，則九者六之一倍有半，十二者六之二倍，二十四者六之四倍，三十六者又六之自乘數也。[201]此外，如上虞羅氏所藏秦虎符，[202]文曰："甲兵之符，右在皇帝，左在陽陵。"[203]凡十二字。阿房宮址所出瓦當文曰："惟天降靈，延元萬年，天下康寧。"[204]亦十二字。

湘西里耶出土秦牘

湘西里耶出土 3 萬枚秦代簡牘，以木牘爲多，大抵長 23 釐米，合一秦尺。

秦之遺物，殆無一不用六之倍數，則簡策之長短，亦何必不然？然《穆天子傳》出於魏安釐王冢，而已用二尺四寸策，[205]又八寸爲尺，是周末之制，若簡策長短，自秦制出，則二尺四寸之律不應稱三尺法。且《論語》八寸策，

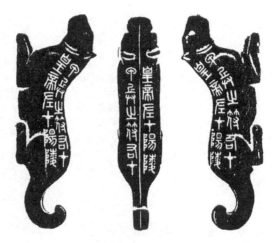

秦陽陵虎符

又何以不以六爲紀也？牘亦如之。據《史記・封禪書》，武帝太初元年，始更印章以五字，數以五爲紀。[206]此後，漢之符傳皆用五寸，頗疑牘之制或出於此。然當文帝時遺單于書，已用尺一牘。天子用尺一，則臣下自用一尺，餘牘當以此差之，則牘用五之倍數，亦不自武帝始矣。恐後人必有以余之所疑爲疑者，故附辨之。

周時方版尺寸，雖不可考，然《聘禮》云"不及百名書於方"，[207]則一方固可容八九十字。《既夕禮》："知死者贈，知生者賻，書賵於方，若九若七若五。"鄭注："方，板也。書賵奠賻贈之人名與其物於板，若九行若七行若五行。"[208]夫一方之字數可至八九十，而行數可至於九，則其制不得過狹。所謂方者，或即以其形製名歟！至漢時之牘，則分廣、狹二種，廣者爲牘，狹者爲奏。《釋名》（六）："奏，鄒也。鄒，狹小之言也。"[209]《論衡》（十三）《效力篇》："書五行之牘，十奏之記，其才劣者，筆墨之力尤難。"[210]案，記之爲言書也，十奏之記，猶言十牘之書也。《史記・滑稽列傳》："東方朔至公車上書，用三千奏牘。"蓋奏事之書，[211]以狹牘連編之，故得"奏"之名。《魏志・張既傳》注引《魏略》云："既常蓄好刀筆及版奏，伺諸大吏有乏，輒給與。"[212]則"版"與"奏"明爲二物。《釋名》（六）："畫姓名於奏上曰畫刺。"[213]以刺但需寫爵里姓名，故用牘之狹者也。至諸牘廣狹之制，則常牘之廣，大抵三分其袤而有其一。《續漢書・祭祀志》：玉牒書"長尺三寸，廣五寸。"[214]《通典》晉六禮版"長尺二寸"，"廣四寸"，其式可以此推牘上之字，以五行爲率。[215]《論衡》云："五行之牘。"[216]《獨斷》云："表文多，以編兩行；少，以五行。"[217]蓋文多者編兩行牘若干書之，而少者以五行牘一，與周之"百名以上書於策，不及百名書於方"同意。廣四五寸者，容五行之字，於形製亦宜。若以小字細書之，則得書十行。《後漢書・循吏傳》："初，光武長於民間，頗達情僞，見稼穡艱難，百姓病害。至天下已定，務用安靜，（中略）其以手跡賜方國者，皆一札十行，細書成文，儉約之風，行於上下。"[218]此於五行之牘，書十行之字，乃光武示民以儉之意，初非常制如斯也。[219]至狹牘之書，則容兩行。《獨斷》云："表文多，以編兩行。"又云："三公以罪免，亦賜策文，隸書，尺一木兩行。"[220]案，前、後《漢書》所載策免三公之文，多者至數百字，斷非一牘兩行所能容，當亦編衆牘爲之也。匈牙利人斯坦因於敦煌西北長城址所得木札，[221]長漢尺一尺，廣半寸許。余所見日本橘瑞超所得于吐峪溝者，大略相同（未及以漢尺量之），[222]其書或一行或二行，此當爲最狹之牘矣。（《南齊書·祥瑞志》：“延陵令戴景度稱所領季子廟，泉中得一根木簡，長一尺，廣二寸，隱起文曰‘盧山道人張陵謁詣起居’。”[223]此牘出方士僞造，蓋無可疑。然其文實名刺之體裁，或足徵古代奏之廣狹也。）

版牘書體，周秦以上自用篆書，漢後多用隸書。《獨斷》言“隸書，尺一木”。[224]《通典》載晉博士孫毓議，亦以“篆書、竹册”與“尺一白簡、隸書”並稱，此所謂“尺一白簡”，即指尺一木而非竹簡。[225]李善注《文選》引蕭子良《古今篆隸文體》云：“鶴頭書、偃波書，俱詔板所用，漢時謂之尺一簡。”[226]上云“詔板”，下云“尺一簡”，亦簡、板互文也。“鶴頭書”謂隸書之一體，《隋書·百官志》之“鶴頭板”，[227]指“鶴頭書”所書之板也。“偃波書”亦同。《初學記》（二十一）引摯虞《決疑要注》云：“尚書臺召人用虎爪書，告下用偃波書，皆不可卒學，以防詐僞。”[228]蓋官省所用隸書變體也。晉納后六禮版文用真書，則通行版牘自以真、行爲主。[229]《後漢書·北海靖王傳》：“作草書尺牘。”[230]蔡邕《答詔問災異八事》亦云：“受詔書各一通，尺一木版，草書。”[231]宋時所得《漢永初二年討羌符》，亦用草書。[232]則漢牘固亦通用章草矣。

簡牘之外，古人所用以書字者，尚有一種，則曰“篿”、曰“笘”、曰“觚”是也。《説文》（三）：“篿，書僮竹笘也。"又云："潁川人名小兒所書寫爲笘。"[233]《禮》所謂"伸其佔畢"是也。[234]又謂之籤。《廣雅》云："笘，籤也。"[235]至其形製如何，殊不可確知。《急就篇》云："急就奇觚與衆異。"顏師古注："觚者，學書之牘，或以記事，削木爲之，其形或六面，或八面，皆可書。"[236]今以《倉頡》《訓纂》諸篇每章之字數計之，然後知顏氏之説之足據也。《漢書·藝文志》："漢時閭里書師，合《倉頡》《爰歷》《博學》三篇，斷六十字以爲一章，凡五十五章，并爲《倉頡篇》。"又云："元始中，徵天下通小學者以百數，各令記字於廷中。揚雄採其有用者以作《訓纂篇》，順續《倉頡》，又易《倉頡》中重複之字，凡八十九章。"[237]而許氏《説文解字序》則云："黃門侍郎揚雄，采以作《訓纂篇》，凡《倉頡》以下十四篇，凡五千三百四十字。"[238]以八十九章，而得五千三百四十字，則《訓纂篇》亦以六十字爲一章也。《急就篇》則每章六十三字，求其所以以六十字爲一章之故，則此種字書必書於觚，而以一觚爲一章，故《急就篇》首句即云"急就奇觚與衆異"也。其觚既爲六面形或八面形，則每面必容一行，每行必容十字或八字。凡小學諸書皆如是。故他書每章字數，殊無一定，[239]而字書獨整齊如是也。古人字書，非徒以資誦讀，且兼作學書之用（觀皇象書《急就篇》可知），[240]故書以觚。觚可直立，亦可移轉，皆因便於臨摹故也。至小兒所書之笘，[241]勢無即倣其制之理，或即以所學之牘之名，加諸學之之牘，亦未可知。此實由簡牘而變者，故附著之。

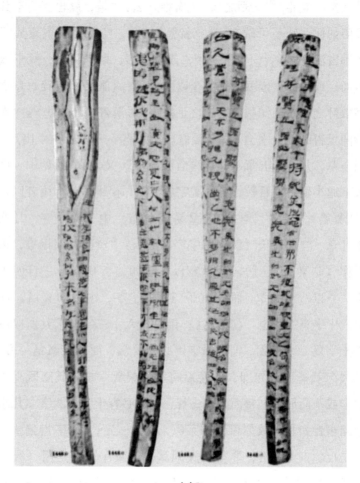

木觚

玉門花海出土的木觚，寫有西漢初期一位皇帝（可能是漢高祖）
的遺詔（摹本）。

初雖勞苦卒必有憙願忠信微密俛言言賞賞

EPT50:1B

蒼頡作書以教後嗣幼子承昭謹慎敬戒勉力風誦晝夜勿置茍務成史計會辨治超等軼羣出尤別異（竹簡）

EPT50:1A

居延新簡
《蒼頡篇》

• 爰歷次貤繼續前圖輔廛顥□軼儋闔屠□

10

阜陽漢簡
《爰歷篇》首

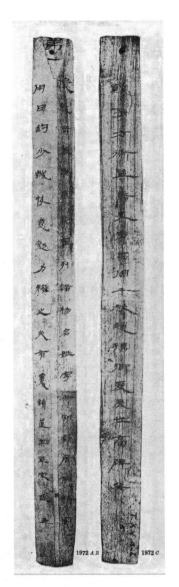

1972 A.B　　1972 C

《急就篇》

簡策版牘之制度，略具於右。至簡牘之用，始於何時，訖於何代，則無界限可言。殷人龜卜文字及金文中，已見“册”字，[242]則簡策之制古矣。“方”、“版”二字，始見《周禮》，[243]然古代必已有此物。又世或有以縑帛之始爲竹木之終者，[244]則又不然。帛書之古，見於載籍者，亦不甚後於簡牘。《周禮·大司馬》：“王載太常，（中略）各書其事與其號焉。”[245]又《司勳》：“凡有功者，銘書於王之太常。”[246]《士喪禮》：“爲銘各以其物（注：‘雜帛爲物’），亡則以緇，曰某氏某之柩。”[247]皆書帛

帛書細節

馬王堆帛書

之證。《墨子》（八）《明鬼篇》：“古者聖王，必以鬼神爲其務，又恐後世子孫不能知也，故書之竹帛，傳遺後世子孫；咸恐其腐蠹絕滅，後世子孫不得而紀，故琢之盤盂，鏤之金石以重之；有（畢注‘當爲猶’，國維案，‘有’即‘又’字）恐後世子孫不能敬君以取羊，故先王之書，聖人一尺之帛，一篇之書，語數鬼神之有也，重又重之。”[248]《墨子》之書，雖作於周季，[249]然以書竹帛稱先王，[250]則其來遠矣。《晏子春秋》（七）：“昔吾先君桓公，予管仲狐與穀，其縣十七，著之於帛，申之以策，通之諸侯。”[251]《論語》：“子張書諸紳。”[252]《越絕書》（十三）：“越王以丹書帛。”[253]《韓非子·安危篇》亦云：“先王致理於竹帛。”[254]則以帛寫書，至遲亦當在周季。然至漢中葉，而簡策之用尚盛。《漢書·公孫賀傳》朱安世曰：“南山之竹不足盡我辭。”[255]是獄辭猶用簡也。[256]劉向序錄諸書，皆云“定以殺青”，[257]是書籍多用簡也。《漢書·藝文志》所錄各書，以卷計者，不及以篇計者之半。[258]至言事通問[259]之文，則全用版奏。少竹之處，亦或用以寫書，[260]雖蔡倫造紙後猶然。晉時户口黄籍，尚用一尺二寸札，[261]至晉末始廢。《初學記》（二十一）引桓元《僞事》曰：“古無紙，故用簡，非敬也。今諸用簡者，皆以黄紙代之。”[262]至版牘之廢，則尚在其後。晉人承制拜官則曰“版授”，[263]抗章言事則曰“露版”。[264]《南史·張興世傳》：“宋明帝即位，四方反叛……時臺軍據赭圻，朝廷遣吏部尚書褚彦回就赭圻行選。是役也，皆先戰授位，檄板不供，由是有黄紙札。”[265]蓋簡牘時代，肇於縑

授官版

武威旱灘坡 19 號晉墓（建
興年號）出土的授官版。
釋文見注 263。

素之先，而尚延於穀網等紙之後，至
南北朝之終，始全廢矣。[266]

　　既知簡牘之制，則書記所用之版
牘，亦略可識矣。至書牘之封緘
法，[267]則於牘上復加一板，以繩縛之。
《古今注》（下）："凡傳皆以木爲之，
長五寸，書符信於上，又以一板封
之，皆封以御史印章。"[268]此雖言符
傳，然可以見書函之制。其所用以封
之板，謂之檢。《說文》（六）："檢，
書署也。"[269]此爲"檢"字之本義，其
所書署之物，因亦謂之檢。[270]徐鍇《說
文繫傳》（十一）："檢，書函之蓋也。
玉刻（今祁氏重刊宋本作'玉刻'，
疑'三刻'之訛）其上，繩封之。
然後填以金泥，題書而印之也。大唐
開元封禪禮，爲石函以盛玉牒，用石檢也。"[271]戴侗《六書故》
亦云："檢，狀如封篋蓋，以木爲之。"[272]其說蓋從《繫傳》
出。今案，徐說頗確，當有所本，惟由封禪所用玉檢、石檢遂
謂通用之檢如是，未免小誤。[273]然欲明檢之制度，亦舍封禪之
檢末由矣！[274]《漢書·孝武紀》注："孟康曰：'王者功成治
定，告成功於天。……刻石紀號，有金策石函金泥玉檢之
封。'"[275]案，歷代東封泰山者，有秦始皇、漢武帝、光武帝、

唐高宗、元宗、[276]宋真宗，凡六次。秦制不可考，漢武封禪之
禮，史亦不詳。惟光武所用，尚爲元封故事，[277]其典物具詳。[278]
《續漢書·祭祀志》曰：“有司奏當用方石，再累壇中，皆方
五尺，厚一尺，用玉牒書藏方石。厚五寸，長尺三寸，廣五
寸，有玉檢。又用石檢十枚，列於石旁，東西各三，南北各
二，皆長三尺，廣一尺，厚七寸。檢中刻三處，深四寸，方五
寸，有蓋。檢用金縷五周，以水銀和金爲泥。玉璽一方寸二
分，一枚方五寸。”[279]又云，“尚書令奉玉牒簡，皇帝以寸二分
璽親封之，訖，太常令人發壇上石，尚書令藏玉牒已，復石覆
訖，尚書令以五寸璽封石檢”[280]云云。此僅言玉檢，未言其用，
石檢十枚，但云列於石旁，未言其嵌合之道也。[281]凡諸疑竇，
覽唐制而始明。唐封禪玉石檢制度，見於《開元禮》（六十
三）、《通典》（五十四）、《舊唐書·禮儀志》、《唐書·禮樂
志》者，大略相同，而《舊志》之文尤明。[282]文曰：“造玉策
三枚，皆以金繩編玉簡爲之。每簡長一尺二分，廣寸二分，厚
三分，刻玉填金爲字。又爲玉匱一，以藏正座玉策，長一尺三
寸。並玉檢方五寸，當繩處刻爲五道，當封璽處刻深二分，方
一寸二分。又爲金匱二，以藏配座玉策。又爲黃金繩以纏玉
匱、金匱，各五周。爲金泥以泥之。爲玉璽一枚，方一寸二
分，文同受命璽，以封玉匱、金匱。又爲石磩，以藏玉匱
（此二字據《通典》補）。用方石再累，各方五尺，厚一尺。
刻方石令容玉匱。磩旁施檢處（《開元禮》“處”作“篆”，
《新志》無“處”字，皆誤），皆刻深三寸三分，闊一尺。當

繩處皆刻深三分，闊一寸五分。爲石檢十枚，以檢石礎，皆長三尺，闊一尺，厚七寸。皆刻爲印齒三道，深四寸。當封璽處方五寸，當通繩處闊一寸五分，皆有小石蓋，以檢攠封泥。其檢立於礎旁，南方、北方各三，東方、西方各二，去礎隅皆七寸。又爲金繩以纏礎，各五周，徑三分。爲石泥以泥石礎，其泥，末石和方色土爲之。"[283] 宋祥符封禪制度，[284] 見於《宋史·禮志》者，亦與此同。皆足補《漢志》之簡略者也。漢封禪玉牒檢，《祭祀志》不詳其制，惟唐貞觀十一年，左僕射房元齡議製封禪玉牒曰："今請玉牒長一尺三寸，廣厚各五寸。玉檢厚二寸，長短闊一如玉牒。其印齒請隨璽大小，仍纏以金繩五周。"[285]（《通典》及《舊志》）此略同於《續漢志》所云，[286] 而稍詳明，蓋從漢制。後麟德封禪，從許敬宗等議，廢牒用策，其藏策玉匱之檢，又與此不同，（見上所引）亦當別有所本。[287] 然則檢之爲制，自有長短：其與底同廣袤者，[288] 玉牒之檢是也；其廣同而袤少殺者，玉匱之檢是也。若石檢則形製全異，隨石礎之形而變通之者也。此三者不必盡同，[289] 而其加於封物之上刻數線以通繩，刻印齒以容泥、以受璽、以完封閉之用，則所同也。建武封禪用元封故事，[290] 而唐復用建武故事，則視《唐志》所云爲漢制，[291] 無不可也。由漢玉牒石礎之檢以推書函之檢，亦無不可。書函之上，既施以檢，而復以繩約之，以泥填之，以印按之，而後題所予之人，其事始畢。故《論衡》（十二）《程材篇》曰"簡繩檢署"，然則署爲最後之事，許君所釋僅以最後之用言，未爲賅也。[292] 若以徐、戴之説

青海王莽石函

爲不足，[293]請徵諸漢唐人之説。《釋名》（六）："檢，禁也。禁閉諸物使不得開露也。"又："書文書檢曰署。署，予也，題所予者官號也。"[294]明檢與署爲二事也。《急就篇》："簡札檢署槧牘家。"顏師古注："檢之言禁也，削木施於物上，所以禁閉之，使不得輒開露也。署謂題書其檢上也。"[295]此即用《釋名》之説。《廣韻》云："檢，印窠封題也。"此語當爲陸法言、孫緬舊文。[296]其實"印窠封題"皆檢之附屬物，而非檢，其説之不賅備，亦略與許君等也。若猶以漢唐人之説爲不足，則請引漢人之檢以明之。《漢書·王莽傳》："梓潼人哀章，見莽居攝，即作銅匱，爲兩檢，

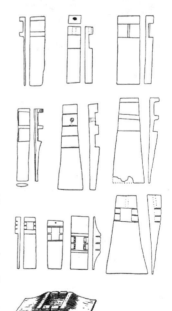

貝格曼發掘居延漢簡中的封檢（摹本）

封檢上題署文字的情況

1. 敦煌馬圈灣出土的封檢題字。	2. 敦煌馬圈灣出土的封檢題字。	3. 敦煌馬圈灣出土的封檢題字。	4. 居延出土的封檢題字。	5. 長沙走馬樓出土的封檢題字。

署其一曰‘天帝行璽金匱圖’，其一署曰‘赤帝行璽某傳予黃帝金策書’。某者，高皇帝名也。”[297]“赤帝行璽某”，蓋封泥之文，而“傳予黃帝金策書”，則所署之字也。如以書籍所記者爲不足，則請徵諸實物以明之。近斯坦因于于闐所得書牘有二種：其一種刻上者，[298]檢與牘同大小，與唐房元齡所議玉牒檢同；其作長方形者，則檢略短於牘，與唐玉匱之玉檢同，其嵌於牘中，又與唐石礎之檢同。至其刻線以通繩，刻印齒以容泥，則二種並同。則檢之爲書函之蓋，蓋一定而不可易也。

檢之與牘同大小者，亦謂之梜，又謂之檢柙。[299]《說文》（六）：“梜，檢柙也。”《說文繫傳》（十一）：“臣鍇曰：謂書

尼雅出土的佉盧文木牘和封檢

1. 尖頭的木牘和封檢，
及封緘情況。

2. 方形佉盧文木牘和封檢。
上圖爲底板，中圖爲蓋板，下圖爲將蓋板翻面
覆蓋在底板上加以封緘的形態。

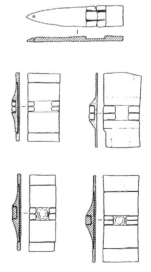

3. 中日聯合尼雅考察陰發掘封檢摹本。
據《中日聯合尼雅遺地學術報告書（二）》，1999。

函封之上，恐摩滅文字，更以一版於上枡護之，今人作‘枡’。古封禪玉檢上用枡也，今人言文書枡署是也。"[300]案，徐説似是而非。古封禪石檢，當璽處有蓋，玉檢未嘗用枡。唯玉牒上之檢，與牒之長短廣狹均同，與"梜"之字義合。[301]若檢，則大小之通稱，梜可云檢，而檢不必盡爲梜，如唐封禪金玉匱之檢，其廣與匱同，而其袤減匱之八寸，不能相夾，則不得命之爲梜矣。[302]

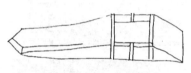

王國維自畫的"斗檢封"（據北圖善本部藏手稿描摹）

檢之爲制，有穹窿，其背作正方形如覆斗，而刻深其中以通繩且容封泥者，漢時謂之斗檢封。[303]《周禮·司市》："凡通貨賄，以璽節出入之。"注："璽節印章，如今斗檢封矣。"賈疏："案，漢法，斗檢封，其形方，上有封檢，其内有書；則周時印章，上書其物，識事而已。"疏語不明。[304]余觀斯坦因所得之刾上書牘，而悟其爲漢斗檢封之制，然後知阮文達、[305]張叔未諸公，[306]以漢不知名之銅器爲斗檢封者，失之遠矣。今傳世銅器，有方漢尺一寸一分許，高二分許，南北二邊正中有孔，底面有篆文四，曰"官律所平"，底背亦有篆文四，曰"鼓鑄爲職"。文達《積古齋鍾鼎彝器欵識》（十）及鮑昌熙《金石屑》（一）均摹其形制文字，[307]今傳世尚多，余所見一枚，僅有底

《秦漢金文彙編》所載"斗檢封"

背銘四字，曰"官律所平"，其餘形製皆同。[308] 初疑邊上二孔爲通繩之處，或施於檢上以容封泥，然玩其銘文，當爲嘉量上之附屬物，[309] 決非作封檢之用者。且苟用諸封檢，則底面之文，適在封泥下，而底背之文，又緊附於檢上，均爲贅設。若以斯氏所得剡上書牘之封檢當之，則無乎不合。[310] "斗"，以言乎其形；"檢"，以言乎其物；"封"，以言乎其用。蓋秦漢之遺

南京博物院藏"永平大司農銅合"

原載《中國古代度量衡圖集》，頁 90。原書説明云：全長 15.7、高 2.3、口徑 4.1×4.5 釐米，容 20 毫升。正面刻銘："大司農銅合，永平三年三月造。"柄背面有一凸起的方框，內可嵌銅檢封。檢封係度量衡器具經官方檢定後的封印，相當於現代計量管理部門檢定計量器具後加蓋的檢定印和發給使用單位的合格証。檢封正面印文"官律所平"，背面鑄"鼓鑄爲職"，均爲陽文。"大司農"是掌管財政經濟的官職。"大司農平合"當是由大司農監制校量的標準量器。"永平"爲漢明帝年號，永平三年即公元 60 年。"官律所平"意謂經官方檢定，量值合乎標準。

按：同書所載漢代銅斗等量具皆有可以嵌入銅檢封的方框，賈疏及阮元、張廷濟之説還不能輕易推翻。

入西
阜布緯書一封大司徒印章詣府緯完□
從事宋掾書一封=破詣府

懸泉入阜布緯書。
黑布製作的信件
外包裝

物而留傳於西域者也。[311]

　　漢時書牘，其於牘上施檢者，則牘檢如一，所謂檢栒是也。然大抵以囊盛書，而後施檢。《漢書・東方朔傳》文帝“集上書囊以爲殿帷”，[312]則漢初已用之。天子詔書用綠囊。《漢書・趙皇后傳》“中黃門田客持詔記，盛綠綈方底，封御史中丞印”；[313]《西京雜記》（四）“中書以武都紫泥爲璽室，加綠綈其上”；[314]《漢舊儀》“璽以武都紫泥封，青布囊，白素裏，兩端無縫，尺一板，中約署”是也。[315]亦用阜囊。[316]《後漢書・公孫瓚傳》“阜囊施檢，文稱詔書”是也。[317]臣下章表則用阜囊。《獨斷》云：“凡章表皆啓封，其言密事，得阜囊盛。”[318]亦用綠囊。《漢書・趙皇后傳》許美人“以葦篋一合盛所生兒，緘封，及綠囊報書”是也。[319]亦用赤白囊。《漢書・丙吉傳》吉馭吏“見驛吏持赤白囊，邊郡發犇命書馳來”是也。[320]通用函牘亦用阜囊。《通典》（五十八）“東晉王堪六禮辭……裹以阜囊，白繩纏之，如封章。”[321]至囊之形制，則《漢書》謂之“方底”。師古曰：“方底，盛書囊，形若今之算縢耳。”[322]唐算縢之制不可考。《舊書・輿服志》：“一品以下帶手巾、算袋。”[323]算袋即算縢，亦不言其制。《玉篇》：“兩頭有物，謂之滕擔。”[324]《廣韻》：“滕，囊可帶者。”[325]合此二條及《漢舊儀》所紀觀之，其制亦不難測。《舊儀》云：“青布囊，白素裏，兩端無縫，尺一板，中約署。”[326]（《唐六典》引作“兩端縫，尺一板”，然《續漢志》《通典》諸書所引“縫”上皆有“無”字，殆《六典》誤也。）“兩端無縫”，則縫當縱行而在中央，約署之處即在焉，則其形當略如今之捎馬袋。（“捎馬”之音，疑“算碼”之轉，謂“算”爲“馬”，自《禮·投壺》已然，[327]今日猶謂之“籌馬”，[328]蓋即唐之算袋。）故兩頭有物，則可擔，其小者可帶，亦與滕之制合也。唯中央之縫，必與囊之長短相同，否則書牘無由得入耳。以上所引書牘之封，恒在囊外，惟《西京雜記》所云“中書以武都紫泥爲璽室，加綠綈其上”，似又封而後加囊者。[329]案，漢詔皆重封。《獨斷》：“凡制書，有竹使符，下遠近，皆璽封，尚書令重封。”[330]殆璽封在囊內，而尚書令印封在囊外。宮中書，御史中丞印封亦在囊外，觀《趙后傳》語可知；“皁囊施檢”，亦施於囊外之證也。囊用布帛爲之，故其檢亦或用帛。《説文》（六）：“檢，書署也。”又（七）：“帖，帛書署也。”[331]知用木謂之檢，用帛謂之帖。至後漢之末，始見書函。《初學記》（二十一）引魏武令曰：“自今掾屬、治中、別駕，常以月朔各進得失，紙書函封，主者朝，常結紙函各一。”[332]此函以何物爲之，亦不可考。然東晉六禮版文，尚用皁囊，而如封章，[333]則江左之初，[334]猶有存焉者矣。

古之書牘，所以兼用梜與囊者，蓋有故焉。蓋用梜則每書

僅能一牘，惟短文爲宜。若用數牘或至數十牘，勢必一牘一
梜，不便孰甚焉。用囊則一書牘數稍多無害，且書牘各面均可
書字。《通典》（五十八）："東晉王堪六禮辭，並爲贊頌儀文，
於板上各方書禮文，壻父名、媒人正板中，納采於板左方。裹
以皁囊，白繩纏之，如封章。"[335]此所謂"各方"，或指牘面之
上下左右，尚未足爲各面書字之證。然《漢書·趙皇后傳》：
"客持詔記與武，問'兒死未？手書對牘背。'武即書對：'兒
現在，未死。'"師古曰："牘，木簡也。時以爲詔記問之，
故令於背上書對辭。"[336]答書猶書牘背，則書語遇牘面不能容
時，必書牘背無疑矣。然苟不用囊，則牘背向外，勢無可書之
理，此書囊之制之所以廣也。

繩緘之法，亦無定制。古封禪玉石檢，皆以金繩五周。至
今日所見古封泥，則底面繩跡有從有橫，[337]有十字形，而以橫者
爲多。其跡自一周以至五周皆有之。唯斯坦因所得于闐古牘，
則檢上皆刻通繩處三道，每道以繩一周或二周。古封禪石檢，
其通繩處亦三道，每道各五周，古金人之"三緘其口"，[338]或即
以緘牘之法緘之。而于闐古牘，或猶用周、漢之制也。自書囊
盛行而檢繩之制多不如法，故今日所見封泥，罕有作正方形如
斗檢封之埴者，其繩跡亦少整齊畫一者，蓋已非最古之制矣。

古牘封處，多在中央，《漢舊儀》所謂"中約署"是也，
于闐古牘亦然。惟漢時傳信亦有兩封、三封、四封、五封者。
《漢書·孝平帝紀》"一封軺傳"注："如淳曰：'律，諸當乘
傳及發駕置傳者，皆持尺五寸木傳信，封以御史大夫印章。其

繩緘之法

1. 荆州高臺 18 號漢墓出土木牘，背面有兩道繩子的痕迹（摹本）。

2. 木牘的繩緘；銀雀山漢墓出土的篇題木牘（摹本）。

3. 敦煌馬圈灣出土的帶有捆扎細繩的封檢。

乘傳參封之。參者，三也。有期會累封兩端，端各兩封，凡四封也。乘置馳傳，五封也，兩端各二，中央一也。軺傳兩馬再封之，一馬一封之。'" [339] 此以封之多少爲尊卑，蓋傳信特別之制，若書牘之封，固不必如此煩複矣。

古人以泥封書，雖散見於載籍，然至後世，其制久廢，幾不知有此事實。段氏《説文注》（十三下）至謂"周人用璽書印章，必施於帛，而不可施於竹木". [340] 封泥之出土，不過百年內之事。當時或以爲印范，[341] 及吳氏式芬之《封泥考略》出，[342]

封　泥

1. 馬王堆漢墓出土的封泥。
上："右尉"；下左："軑侯家丞"；下右："□買之"。

2. 皇帝信璽。背面有捆扎版牘的繩子痕迹。

淮陽内史章

大司空印章

廣陽相印章

中騎千人

3. 從封泥背面繩痕可見多種形式的捆扎方法。

4. 尚未啓封的佉盧文木牘。

始定爲封泥。然其書但考證官制、地理，而於封泥之爲物，未之詳考也。案，《說文》（十三）《土部》：“璽，王者之印也。以主土，從土，爾聲。籀文從玉。”段氏注曰：“蓋周人已刻玉爲之，曰籀文從玉，則知從土者，古文也。”[343] 段注以“璽”爲古文，其說甚是。唯許君謂璽“以主土”，故從土，則頗有可疑者。古者上下所用印章，通謂之璽，璽非守土者所專有。竊意璽印之創，在簡牘之世，其用必與土相須，故其字從土。《周禮·職金》：“揭而璽之。”[344] 用璽於揭上，非用封泥不可。《吕氏春秋》（十九）《離俗覽》：“故民之於上也，若璽之於塗也。抑之以方則方，抑之以圓則圓。”[345]《淮南子》（十一）《齊俗訓》亦云：“若璽之抑埴，正與之正，傾與之傾。”[346]《續漢書·百官志》少府官屬有守宮令，“主御紙筆墨，及尚書財用諸物及封泥”。[347] “封泥”二字，始見於此。古人璽印皆施於泥，未有施於布帛者，[348] 故封禪玉檢則用水銀和金爲泥，天子詔書則用紫泥，常人或用青泥。（《御覽》六百六引《東

封泥箧，陝西歷史博物館藏

觀漢記》）[349]其實一切粘土，皆可用之。宋趙彥衛《雲麓漫鈔》（十二）云：“古印文作白字，蓋用以印泥，紫泥封詔是也，今之米印及印倉廠印近之。自有紙，始用朱字。”[350]案，古印但以印泥，其說甚確。唯印文之陰陽則頗不拘。今周秦古璽多作陽文，唯漢印多陰文，故封泥之文亦有陰陽二種。趙氏之言未盡確也。唯印泥之廢與印絹紙之始，殊不可考。《周禮·載師》：“宅不毛者，出里布。”鄭司農云：“布參印書，廣二寸，長二尺，以爲幣，貿易物。或曰：布，泉也。”[351]後鄭則用後說。若如前說，又不知所謂“布參印書”者，爲於布上施印乎？抑以泥附於布上而印之也？惟漢時門關之傳，用木之外，兼用縑帛，《漢書·終軍傳》“關吏予軍縑”是也。[352]《古今注》謂“傳皆封以御史印章”，則縑亦當用印，或竟施於帛上，亦未可知。自後漢以降，紙素盛行，自當有徑印於其上者。唐竇臮《述書賦》（下）：“印驗則玉瑑胡書，金鐫篆字，（中略）古小雌文，東朝周顗。”[353]唐代流傳之古跡，僅有絹素，則晉周顗之印當施於其上矣。至南北朝，而朱印之事始明著於史籍。後魏中兵勳簿，“令本曹尚書以朱印印之”，又令“本軍印記其上，然後印縫”。（《魏書·盧同傳》）[354]後齊有“督攝萬機”印一鈕，“以木爲之，此印常在內，唯以印籍縫”。（《隋書·禮儀志》）[355]而梁陸法和上元帝啓文，“朱印名上，自稱司徒”。（《北齊書·陸法和傳》）[356]蓋印泥之事，實與簡牘俱廢矣。

若夫書牘封題之式，則亦不可得而詳。《釋名》：“署，予也。題所予者官號也。"[357]《王莽傳》："哀章作銅匱，爲兩檢，其一署曰'天帝行璽金匱圖'，其一曰'赤帝行璽某傳予黄帝金策書'。"[358]疑'天帝行璽''赤帝行璽'八字乃封泥上之璽文，而非題署者。蓋有璽印，自不煩更題寄書之人，但題所予之人與所予之物足矣。《通典》（五十八）："後漢鄭衆《百官六禮辭》，六禮文皆封之，先以紙封表，又加以皁囊，著篋中，又以皁篋衣表訖，以大囊表之，題檢上言謁表某君門下某，禮物凡三十種，各有謁文，外有贊文各一首，封如禮文篋，表記蠟封題，用皁帔蓋於箱中。無囊表，便題檢文，言謁篋某君門下，便書贊文通（"通"上疑脱幾字），共在檢上。"[359]由此觀之，則檢上所題，但所予之人與所遺之物，不題予者姓名也。至東晉王堪《六禮辭》"裹

樓蘭出土的書牘封題

1. 白叔然敬奉從事玉、石二君前，在樓蘭。

2. 白泰文瑋然，主簿馬、趙君。

以皁囊，白繩纏之，如封章。某官某君門下封，某官甲乙白奏，無官言賤子"，[360]則兼題予者姓名，蓋其時封印之制已漸廢不用矣。[361]

注 釋

1 書契：指文字。《易·繫辭下》："上古結繩而治，後世聖人易之以書契。百官以治，萬民以察。"（《十三經注疏》，頁 87 中）

2 金石：指用金屬或石頭爲書寫材料。"金"，指金屬製作的器物。上古在金屬製作的器物上翻鑄或刻鏤文字，如鐘鼎等青銅器。"石"，指石製器物。古代在各種石或玉製器物上銘刻文字，包括墓誌、碑刻、碣石，等等。古代把以"金石"器物及文字爲研究對象的學問就叫做"金石學"。北宋時已有《考古圖》、《宣和博古圖》和《金石録》等書。"金石學"是中國近代考古學的前身。從晚清開始，甲骨、簡牘、璽印、封泥、瓦當等大量出土，更豐富了金石學的内容。

3 甲骨：指用龜甲和獸骨爲書寫材料。商周時代在龜甲和獸骨上刻寫文字，即通常所説的甲骨文，它是研究商周文化尤其是商文化的重要資料。清光緒二十五年（1899 年），學者王懿榮（1845—1900）首先發現了刻在龜甲和獸骨上的文字——甲骨文。1903 年，劉鶚（1857—1909）編纂出版了第一部甲骨著録書《鐵雲藏龜》。1904 年，孫詒讓（1848—1908）據以寫出了第一部考釋甲骨文字的專著《契文舉例》。1910 年前後，羅振玉終於弄清甲骨出土地在河南安陽小屯村，並開始研究甲骨文字。其後，羅振玉、王國維、日本人林泰輔以及加拿大人明義士等分别研究，各有創獲。羅氏著有《殷商貞卜文字考》和《殷虛書契考釋》等，王國維則以甲骨考證古史，著有《殷卜辭中所見先公先王考》及《續考》。林泰輔撰《龜甲獸骨文字》，是日本出版的第一部甲骨著録。明義士著有《殷虛卜辭》，是歐美學者著録甲骨文的第一部專著。經中外學者之研討，終於逐漸形成了專門之學"甲骨學"。

4　竹木：指用竹木爲書寫材料。竹木製作的書寫材料，主要是簡牘。

　　《説文》：簡，從竹；牘，從片（半木）。一般而言，竹製、呈細長條形、可供書寫一兩行字、常編聯使用者爲簡；木製、呈寬大之形、可供書寫多行文字者爲牘。簡牘在最近幾十年的考古發掘中有大量的發現，有的屬於戰國時期，有的屬於秦代至晉代，還沒有發現春秋以前的簡牘。竹木製作的書寫材料，還有名刺（如現代的名片）、楬（籤牌）、區等。

5　載籍：即書籍。《史記·伯夷列傳》："夫學者載籍極博，猶考信於六藝。"（中華本，頁 2121）

6　引文見《尚書·金縢》，原文作："史乃册祝曰：'惟爾元孫某，遘厲虐疾……'"見《十三經注疏》，頁 196 中。清代阮元（1764—1849）主持校刻，中華書局，1980 年影印。大意是：史官就制作了册書，禱告説……

　　《書》即《尚書》，又稱爲《書經》，相傳由孔子所編。《尚書》是現存最早的上古文獻典章匯編，前人把它視爲上古的史書。它分爲《虞書》《夏書》《商書》《周書》四個部分，記載了虞、夏、商、周的許多重要歷史資料，反映了上古時期的天文、地理、哲學思想，治國方略，教育，刑法等社會情況。《金縢》是《尚書·周書》的一篇。"金縢"，即捆束"匱"（櫃）所用的金屬繩子。周武王戰勝商朝之後二年，得了重病。當時天下還沒有安定，武王一身關係國家的安危，所以武王的弟弟周公設祭壇向先王禱告，請求讓自己代替武王去死。事後，史官把祝告的册書收藏在金屬繩子束着的匣子中。武王死後，年幼的成王繼位，由周公代理政事，於是流言四起，説周公將不利於成王，成王也懷疑周公。後來因爲一次偶然的天災，成王打開金縢之匱，發現了周公請求代死的册書，深受感動，隔閡終於消除了。史官記録了這件事的原委，取名爲《金縢》。

7　引文見《尚書·洛誥》，《十三經注疏》，頁 217 上。"王命作册逸祝册"這句話可以有兩種讀法，傳統的讀法作："王命作册，逸祝册……"另一種讀作："王命作册逸祝册……"前者"作册"爲製作册書，大意是：成王命令制作册書，史官逸宣讀册書……。後者"作册"爲"逸"之職名，"作册"是史官。大意是：成王命令作册逸宣讀册書……。從後文可以看出，王國維是按照第二種讀法來讀的，他説，"古者史官，一名作册"，將"作册"理解爲"史官"。參見注 90。

　　《洛誥》：《尚書·周書》的一篇。洛邑建成之後，由誰來居洛治理是周王朝面臨的重大問題。周公和召公都希望成王居洛主持政事統治天下。成王則根據當時民心不服的情況，認爲需要周公繼續居洛，才能威服東方。成王和周公對此反復商討，最後決定周公繼續居洛，治理東方。

在成王七年洛邑的冬祭大會上，成王宣佈了這一重大決策。作册逸將周公和成王先後討論的對話以及洛邑冬祭時的情況輯録成篇，册告天下，名叫《洛誥》。

8　引文見《書·顧命》，原文作："丁卯，命作册度。"《十三經注疏》，頁 238 中。"命作册度"，傳統的解釋認爲，"作册"是製作册書，記録成王遺命，"度"指法度、制度，這句大意是：命令史官制作册書，記録制度。陳夢家認爲，"作册度"，"作册"即史官，"度"，是史官之名。説見《尚書通論》，頁 146，中華書局，1985 年。

　　《顧命》：《尚書·周書》的一篇。顧命就是囑咐大臣眷顧嗣主，相當於遺囑。《顧命》記載了成王將死（約前 1025 年），恐怕太子釗（西周康王）不能勝任，命令大臣召公和畢公輔佐太子的情況。

9　策：本義是馬鞭。《説文·竹部》："策，馬箠也。"因爲讀音與"册"相近，所以被假借來表示"册"。

10　引文見《儀禮·聘禮》，原文作："百名以上書於策，不及百名書於方。"《十三經注疏》，頁 1072 上。大意是：（出訪時所帶之文書）百字以上，則寫在册子上；不到一百字，就寫在方版上。因爲策（册）是連編起來的，所以可以寫比較多的字，方是方版，僅能容納一百個字以內。名，字的意思。有人認爲，"名"指器物品名，"百名"即一百種東西。

　　《聘禮》是《儀禮》第八篇。《儀禮》和《周禮》《禮記》三部書就是通常所說的"三禮"。《儀禮》是春秋戰國時期部分禮制資料的匯編，現代學者根據書中所述喪葬制度，結合考古出土禮器的研究，認爲成書時間應該在戰國初期至中葉期間。《聘禮》是講諸侯國派大使互相聘問的禮儀。

11 引文見《儀禮·既夕禮》，原文作：“書賵於方，若九若七若五；書遣於策。”《十三經注疏》，頁 1153 上、中。大意是：把送給辦喪事者的物品寫在木板上，每塊板或是九行，或是七行，或是五行。把送給死者的隨葬品寫在策書上。賵：音 fèng，助葬用的車馬束帛。《公羊傳·隱公元年》：“賵者何？喪事有賵。賵者，蓋以馬，以乘馬束帛。車馬曰賵，貨財曰賻。”這裏泛指贈給喪家送葬的各種物品。遣：送，這裏指饋贈死者的隨葬品。近代考古發掘戰國秦漢晉墓葬中發現的記錄隨葬品的清單，都稱爲“遣策（册）”。

　　《既夕禮》是《儀禮》第十三篇，論述下葬前兩天的有關禮儀。

12 引文見《周禮·春官·内史》，原文作：“凡命諸侯及孤卿大夫，則策命之。”《十三經注疏》，頁 820 中。大意是：凡是王封建諸侯和任用卿大夫，就由内史把王的任命文誥寫在簡策上。“孤卿”，王文引作“公卿”。

　　《周禮》與《儀禮》《禮記》並稱爲“三禮”。經過古今不少學者的考證，《周禮》成書於戰國時代，但不僅只是記載西周一代的制度，而是綜合了西周至戰國的制度，並且有許多編纂者理想化的成分在内。正如張心澂《僞書通考》所說：“采西周及春秋時制度參以己意而成。”《周禮》本名《周官》，西漢學者劉歆改名爲《周禮》，又

稱《周官經》。全書分《天官冢宰》《地官司徒》《春官
宗伯》《夏官司馬》《秋官司寇》《冬官司空》六篇。《冬
官》早就佚失，漢代人以内容相似的《考工記》來替補
（參見注61）。

內史：周官名，掌著作簡冊，策命諸侯大夫，以及爵
祿廢置。

13 引文見《左傳·隱公十一年》，原文作："凡諸侯有命，
告則書，不然則否。師出臧否，亦如之。雖及滅國，滅不
告敗，勝不告克，不書于策。"《十三經注疏》，頁 1737
上。"勝不告克"王文引作"克不告勝"。大意是：凡諸
侯國發生大事，前來報告就記載，不來報告就不記載。戰
爭勝負，也是這樣。即使是滅了敵國，打敗的一方沒有來
報告，戰勝的一方沒有來報告，就不記載在簡策上。

《左傳》：《春秋》三傳之一，又稱《左氏春秋》或
《春秋左氏傳》，相傳是春秋時期左丘明所作。《春秋》，
編年體春秋史，相傳是由孔子根據魯國史官所編的《春
秋》加以整理修訂而成。記述始於魯隱公元年（前 722
年），終於魯哀公十四年（前 481 年），共二百四十二年
的歷史，開編年史的先河。《春秋》文字簡潔，後人有很
多著作對它作解釋，著名的有三傳，即《春秋左氏傳》
《春秋公羊傳》《春秋穀梁傳》。《左傳》主要用事實解釋
《春秋》，而《公羊傳》和《穀梁傳》則主要用義理詮釋
《春秋》。《左傳》與《春秋》經本來各自流傳，西晉杜
預以傳附經，作《春秋左氏經傳集解》，從此經傳開始合
刊。後來，唐代孔穎達（574—648）又對杜預之書進行

疏解，作《春秋左傳正義》。

14 引文見《左傳·襄公二十年》，原文作："衛甯惠子疾，召悼子曰，吾得罪於君，悔而無及也，名藏在諸侯之策。"《十三經注疏》，頁 1970 上。又，《左傳·文公十五年》有相似的文句："宋華耦來盟……公與之宴，辭曰：'君之先臣督，得罪於宋殤公，名在諸侯之策。臣承其祀，其敢辱君，請承命於亞旅。'魯人以爲敏。"《十三經注疏》，頁 1854 下。意思是，諸侯的史册都記錄了我的惡名。此處之"名"皆指惡名、罪名。

15 引文見《詩·小雅·出車》，原文作："昔我往矣，黍稷方華。今我來思，雨雪載塗。王事多難，不遑啓居。豈不懷歸？畏此簡書。"毛傳："簡書，戒命也。鄰國有急，以簡書相告，則奔命救之。"《十三經注疏》，頁 416 中。簡書：這裏指寫在簡册上的告急文書。大意是：我怎麼不想回家呢，但是擔心有告急文書送到呀！

《詩》，即《詩經》，中國最早的詩歌總集，收錄了春秋中葉以前一千多年的作品，相傳經孔子删訂，共三百一十一篇。其中包括十五國風"周南、召南、邶風、鄘風、衛風、王風、鄭風、齊風、魏風、唐風、秦風、陳風、檜風、曹風、豳風"，二雅"大雅、小雅"，三頌"周頌、魯頌、商頌"。其中《小雅》裏的《南陔》《白華》《華黍》《由庚》《崇丘》《由儀》六篇在戰國以及秦時亡佚，所以今本只有三百零五篇。兩千年來，注釋、研究《詩經》的書汗牛充棟。漢代傳授《詩經》的有四家：齊國的"轅固"、魯國的"申培"、燕國的"韓嬰"、趙國的"毛莨"。這四家或取國名，或取姓氏，而簡稱齊、魯、韓、毛四家。齊、魯、韓三家在西漢武帝時已立學官，毛詩晚出，未得立。後來，齊、魯、韓三家詩漸漸亡佚，只有毛傳流傳至今。東漢學者鄭玄（127—200）爲《毛詩》作箋，唐代學者孔穎達作《毛詩正義》。以後又有宋朱熹（1130—1200）《詩集傳》，清陳奐（1785—1863）《詩毛氏傳疏》，馬瑞辰（1775—1853）《毛詩傳箋通釋》，等等。出土簡牘也發現多種《詩經》資料，如阜陽漢簡、安大藏戰國簡、清華藏戰國簡、海昏侯墓漢簡、荊州王家臺戰國簡、夏家臺戰國簡等。

16　引文見《左傳・襄公二十五年》，原文記齊崔杼弒莊公事，作："大史書曰'崔杼弒其君'，崔子殺之，其弟嗣書，而死者二人；其弟又書，乃舍之。南史氏聞大史盡死，執簡以往，聞既書矣，乃還。"《十三經注疏》，頁1984上。大意是：太史記載了崔杼殺害國君的事，崔杼就將太史殺了，太史的弟弟又接着寫，一連殺了兩人，他們的弟弟又接着寫，崔杼只好作罷。南史氏聽説太史都被崔杼殺害了，拿着簡册前去，後來聽説已經寫在史册上了，這纔返回。

17　引文見《禮記・王制》，原文作："大史典禮，執簡記，奉諱惡。"《十三經注疏》，頁1345上。意思是説：太史主持禮儀，執掌文書，記載先王諱名以及忌日等來告訴天子。奉，進也。諱，先王名。惡，忌日。

　　《禮記》是戰國至西漢初儒家各種禮儀著作的匯編，不是一人一時的著作，編輯者中最重要的有兩人，即西漢

的戴德和戴聖。兄戴德編的《禮記》有八十五篇，被稱
爲《大戴禮記》，弟戴聖編的有四十九篇，被稱爲《小戴
禮記》。隋代時，《大戴禮記》已佚失四十七篇（《隋書·
經籍志》），後來《禮記》便成了《小戴禮記》的專名。
西漢時，《儀禮》被尊稱爲"經"，《禮記》則從屬於
《儀禮》，只是輯録而成的學習禮儀的輔助材料。自從東
漢鄭玄給《禮記》作注，《禮記》才獨立成書，從漢末至
明清，地位越來越高，不僅是"十三經"之一，也是
"四書五經"之一。"四書"中的《大學》《中庸》也是
從《禮記》中抽取出來的。清人孫希旦著有《禮記集解》
五十卷，除了收録鄭玄的注和孔穎達的《正義》之外，
還採納了宋元以來各家的説法，十分詳備。《王制》：《禮
記》篇名，記述周王封國、頒爵授禄、職官、祭祀、巡
狩、刑罰、養老及建立城邑、學校教育等各類制度。

18 引文見《儀禮·聘禮》，《十三經注疏》，頁 1072 上。參
見注 10。

19 引文見《儀禮·既夕禮》，《十三經注疏》，頁 1153 上。
參見注 11。

20 引文見《周禮·春官·内史》，原文作："王制禄，則贊
爲之，以方出之。"《十三經注疏》，頁 820 中。大意是：
王制定（各級人員）俸禄的標準，内史就協助（有關官
員）擬定有關文書，寫在方版上發出。

21 引文見《周禮·秋官·硩蔟氏》，原文作："掌覆夭鳥之
巢，以方書十日之號，十有二辰之號，十有二月之號，十
有二歲之號，二十有八星之號，縣其巢上，則去之。"

《十三經注疏》，頁 889 上。"晢蔟氏"，王文引作"晢簇氏"。這段話大意是：晢蔟氏負責毀壞惡鳥之巢，用方版寫十日之號（即從甲至癸十天干）；寫十二辰之號（即從子至亥十二時），十二月之號，十二歲之號，二十八宿之號，將方版懸挂在惡鳥的巢上，惡鳥看見了就會離去。晢蔟氏，周官名，掌毀壞惡鳥之巢。晢：音 chè，投石毀壞。蔟：音 cù，鳥巢。天鳥，古人以爲不祥的鳥，認爲它們的叫聲會給人帶來災禍，如鴞（xiāo，俗稱貓頭鷹）、鵬（fú，與鴞相似）等。縣：通"懸"。

22 引文見《周禮·天官·小宰》，原文作："以官府之八成經邦治：……三曰聽閭里以版圖……"賈公彥疏："在六鄉則二十五家爲閭，在六遂則二十五家爲里。閭里之中有爭訟，則以户籍之版、土地之圖，聽決之。"《十三經注疏》，頁 654 上。大意是：閭里之間有户籍、疆域的糾紛，則根據版圖來調解處置。

　　小宰：周官名，是太宰的副職，幫助太宰處理政事法令。

23 引文見《周禮·天官·司書》，原文作："掌邦之六典、八灋、八則、九職、九正、九事邦中之版，土地之圖……"《十三經注疏》，頁 682 上。"邦中之版"，王文引作"邦人之版"。邦中之版：指寫有國内百姓户籍的木版。

　　司書：周官名，是司會的副手，負責與户籍相關的賦税審計等事。

24 引文見《周禮·春官·大胥》，原文作："掌學士之版，以待致諸子。"《十三經注疏》，頁 794 中。意思是：大胥掌管公卿士大夫子弟應該學習者的名簿，以便準備召集他們入學。

大胥：周樂官名。版，籍也，即名籍，名簿。學士，指學齡兒童，都是卿大夫子弟。

25 引文見《周禮·夏官·司士》，原文作：「掌群臣之版，以治其政令。」《十三經注疏》，頁848下。意思是：司士掌管朝廷內外大臣的名冊，以便管理政令。

司士：周官名，主管人事。

26 引文見《周禮·秋官·司民》，原文作：「掌登萬民之數，自生齒以上，皆書於版。」《十三經注疏》，頁878下。「掌登萬民之數」，王引文脫「登萬」二字。大意是：司民負責登記人口數，嬰兒牙齒長出之後，都要登記到戶籍版上。

司民：周官名，主管戶籍。生齒，長牙齒，一般男孩出生八個月以後開始，女孩七個月以後開始。

27 引文見《韓詩外傳》卷七，原文作：「趙簡子有臣曰周舍，立於門下三日三夜，簡子使人問之，曰：『子欲見寡人何事？』周舍對曰：『願為諤諤之臣，筆墨操牘，從君之後，司君之過而書之。日有記也，月有成也，歲有效也。』」許維遹《韓詩外傳集釋》，頁247~249，中華書局，1980年。大意是：周舍對趙簡子說，希望到他門下作一個敢于直言勸諫的臣子，手裏拿着筆墨簡牘，跟在他身後，看到他的過失就記下來（見第89頁插圖）。周舍，春秋時期晉國人，趙簡子的門客。趙簡子即晉國大夫趙鞅，執掌晉國政權數十年。諤諤，直言爭辯的樣子。

　　《韓詩外傳》，西漢韓嬰撰，也就是“齊、魯、韓”三家詩中的“韓詩”。本來有“内傳”和“外傳”，但“内傳”早已佚失，僅存“外傳”。該書由三百六十條軼事、倫理規範等不同内容雜編而成。一般每條都以一句相應的《詩經》引文作結論，以支持故事或論辯中的觀點。

28　引文見《史記·孟子荀卿列傳》司馬貞《索隱》，原文作：“注‘以牒爲械’者，按牒者，小木札也。”《史記》，頁2350，中華書局點校本，1982年。

　　司馬貞，生卒年不詳，唐河内（治今河南沁陽）人，新、舊《唐書》無傳。清錢大昕《十駕齋養新録》卷六“司馬貞”條對他的事跡有比較詳細的考證，可以參考。司馬貞是唐代著名的《史記》注家，作《史記索隱》。《史記索隱》與劉宋裴駰的《史記集解》和唐代張守節的《史記正義》一起，被並稱爲“《史記》三家注”。

　　《史記》是我國歷史上第一部紀傳體通史，原名《太史公書》，司馬遷撰。司馬遷（前145—前86），字子長，漢左馮翊夏陽（今陝西韓城西南）人。他的父親司馬談在漢武帝建元初做了太史令，有意編撰史書，卻未能如願。司馬談死後，司馬遷繼任太史令，蒐集史料，發憤著書，編成了《史記》。司馬遷去世後有些篇散失了，有幾位學者進行過增補。褚少孫增補了《三王世家》《龜策列傳》《日者列傳》等篇，《司馬相如傳》中附有揚雄的説法，《公孫弘傳》中附有西漢末的詔書等等。《史記》舊有所謂“三家注”，已見上述。清代學者梁玉繩作《史記志疑》，就三家注本中相互間文字存在差異的地方，博采衆家舊説，詳加考証，清代學者錢大昕認爲可以算作《史記》的第四家注本。

29 引文見《漢書·郊祀志上》顏師古注，原文作："札，木簡之薄小者也。"中華書局點校本，頁 1229，1962 年。又，《漢書·司馬相如傳上》顏師古注："札，木簡之薄小者也。時未多用紙，故給札以書。"中華本，頁 2533。

顏師古（581—645），名籀，唐萬年（今陝西西安）人，精通小學、成就很高的古文獻學家，他的祖父就是北朝著名學者顏之推。顏師古的學術代表作《漢書注》，堪稱《漢書》注本劃時代、集大成的典範之作。除此之外，其重要著作還有《五經定本》《匡謬正俗》《急就篇注》等。

《漢書》，我國第一部紀傳體斷代史，東漢班固（32—92）撰。西漢末，學者曾編寫《史記》續篇。班固之父班彪（3—54），不滿所續，著《後傳》六十五篇。班彪死後，班固在班彪工作的基礎上整理補充，綴集所聞，以撰《漢書》。後班固因竇憲事被捕，死於獄中。漢和帝頒詔令班固之妹班昭續補，又令馬續協助編撰《天文志》，纔最終完成《漢書》的編寫。全書分十二紀、八表、十志、七十列傳，共百篇。主要的注本，有唐顏師古注和清王先謙（1842—1917）《漢書補注》。

30 《説文解字》卷五上《竹部》："簡，牒也。从木，閒聲。"中華書局，頁 95 下，1963 年。"卷五"，王文誤爲"六"。《説文解字》卷七上《片部》："牒，札也。从片，枼聲。"中華本，頁 143 下。

　　《説文》：《説文解字》的簡稱，是我國第一部按部首編纂漢字的綜合字典，東漢許慎撰。許慎（約 58—約 147），汝南召陵（今河南郾城）人，東漢著名的經學家和文字學家，《後漢書‧儒林傳》有傳。著作除《説文》外，還有《五經異義》（此書唐以後亡佚，清陳壽祺輯撰的《五經異義疏証》，較爲詳備）、《淮南鴻烈集解》（已佚），等等。《説文》全書按照五百四十個部首分類編排，所收字形以小篆爲主，據《敘》言，共收九千三百五十三字，同時還收入了一千一百六十三個異體字形（如古文、籀文等）。

　　後代對《説文》的整理主要可以分爲三個階段。唐代書法家李陽冰是第一個研究並整理《説文》的學者，他所校訂的版本爲以後《説文》各本的基礎，不過李陽冰對“小學”（包括文字、音韻、訓詁等）並不精通，因此也出現了一些訛誤。生活在南唐至宋之間的徐鉉、徐鍇兩兄弟對《説文》重新進行了整理校訂，人們習慣上稱徐鉉爲“大徐”，稱徐鍇爲“小徐”。徐鉉（917—992），先仕於南唐，入宋後亦爲官，著《校訂説文解字》，世稱大徐本。今天我們所用的《説文》，大多都是大徐本。徐鍇（921—975），南唐時人，宋兵南下，死於圍城中，著有《説文解字繫傳》，世稱小徐本。清代，《説文》學盛極一時，研究《説文》的學者非常之多。其中最有名的有四家：段玉裁（1735—1815），著有《説文解字注》；朱駿聲（1788—1858），著有《説文通訓定聲》；桂馥（1736—1805），著有《説文解字義證》；王筠（1784—

1854），著有《説文釋例》及《説文解字句讀》。另外，近代無錫人丁福保（1874—1952）編輯的《説文解字詁林》，廣蒐《説文》各家説法，分別列在每個字頭下，非常便於研究。

31　引文見《論衡・量知篇》，《論衡校釋》本作："人未學問曰矇。矇者，竹木之類也。夫竹生於山，木長於林，未知所入。截竹爲筒，破以爲牒，加筆墨之跡，乃成文字。大者爲經，小者爲傳記。斷木爲槧，枡之爲板，力加刮削，乃成奏牘。夫竹木，麤茸之物也，雕琢刻削，乃成爲器用，況人含天地之性，最爲貴者乎?"黄暉《論衡校釋》，頁551，中華書局，1990年。槧，指未經書寫的木板。枡，即"析"字，破木意。麤茸，粗糙。這段話談到了簡牘製作的過程，大意是，竹子生長在山上，樹木生長在森林裏，把竹子截成一段一段的竹筒，再剖開做成一片一片的竹片，在上面用筆墨寫上字。大的寫經書，小的寫傳記。把樹木鋸斷，剖開來做成木板，用力加以刮削，製作成寫奏書的版牘。竹木雖然只是粗放之物，但是經過雕琢加工，還是可以成爲有用之材的。

　　《論衡》，東漢王充撰。王充（27—約97），字仲任，會稽上虞（今屬浙江）人，是班固之父班彪的學生，博聞强記，《後漢書》有傳。王充生活於東漢中期，當時社會矛盾尖鋭，他憤世嫉俗，針砭時弊，有時也有些偏激。所著《論衡》具有深刻的思想性，保存了許多珍貴的史料。《量知篇》，論述儒者應該以學道爲根本，引文將人學習的過程比喻爲竹木成爲書板的過程。

32　引文見《文心雕龍・書記》，原文作：“牒者，葉也。短
　　簡編牒，如葉在枝，溫舒截蒲，即其事也。”王利器《文
　　心雕龍校證》，頁 179，上海古籍出版社，1980 年。牒：
　　即簡。溫舒截蒲：事見《漢書・路溫舒傳》，路溫舒將蘆
　　葦截斷，剖成葦片，編來寫字。原文大意是，簡，就像樹
　　葉。將短簡編聯成冊，就像樹葉掛在樹枝上。

　　　　《文心雕龍》，南朝梁劉勰撰。劉勰（約 465—約
　　532），字彥和，東莞莒縣（今屬山東日照）人，早年家
　　貧，不婚娶，研習佛經，晚年出家爲僧，《梁書》《南史》
　　有傳。《文心雕龍》共十卷，五十篇，分上、下編。上編
　　主要論述各體作品的特徵和歷史演變，下編探討創作、批
　　評的原則和方法，以及文學與時代的關係等。是我國文學
　　批評史上的傑作。

33　引文見杜預《春秋左氏傳序》“諸侯亦各有國史，大事書
　　之於策，小事簡牘而已”一句孔穎達疏，原文作：“單執
　　一札，謂之爲簡，連編諸簡，乃名爲策。”《十三經注
　　疏》，頁 1704 上、中。

34　遺書本作“鄭康成《儀禮》《記》注”，手稿本和雲窗本
　　作“鄭康成《儀禮》《禮記》注”，可能是遺書本謄繕者
　　脫去一“禮”字。今據手稿本和雲窗本改。王國維這裏
　　是說，鄭玄在《儀禮・聘禮》《禮記・中庸》兩篇的注中
　　都說到：“策，簡也。”

　　　　“策，簡也”：見《儀禮・聘禮》和《禮記・中庸》
　　鄭玄注。《儀禮・聘禮》“百名以上書於策，不及百名書
　　於方”，鄭玄注：“名，書文也，今謂之字。策，簡也。

方，板也。”《十三經注疏》，頁 1072 上。《禮記·中庸》：
“哀公問政。子曰：‘文武之政，布在方策。’”鄭注：
“方，板也。策，簡也。”《十三經注疏》，頁 1629 中。

鄭康成（127—200），名玄，著名的經學家，東漢北
海高密（今山東高密西南）人。世稱“後鄭”，以別於
“先鄭”鄭眾。曾經入太學學習今文《易》和公羊學，又
師從張恭祖學《古文尚書》《周禮》《左傳》等，後又師
從馬融學古文經。學成之後，回到家鄉，聚徒講學，弟子
多達上千人。後來因爲黨錮事被囚禁，於是潛心著述，十
四年閉門不出。鄭玄以古文經說爲主，兼采今文經說，遍
注群經，成爲漢代經學的集大成者。

35　這裏的“《左傳》注”就是指杜預《春秋左氏經傳集解》。
但杜注其實並沒有“策，簡也”的說法，王國維可能是
誤將孔穎達疏中的說法當作了注文。

杜預《春秋左氏傳序》（即《春秋左氏經傳集解
序》）“諸侯亦各有國史，大事書之於策，小事簡牘而
已”一句孔穎達疏：“又論所記簡策之異。《釋器》云
‘簡謂之畢’，郭璞云‘今簡札也’。許慎《說文》曰：
‘簡，牒也。牘，書版也。’蔡邕《獨斷》曰：‘策者，簡
也。其制，長二尺，短者半之。其次一長一短，兩編，下
附。’鄭玄注《中庸》亦云：‘策，簡也。’由此言之，則
簡、札、牒、畢，同物而異名。單執一札，謂之爲簡，連
編諸簡，乃名爲策。故於文‘策’或作‘冊’，象其編簡
之形，以其編簡爲策，故言‘策者，簡也’。”《十三經注
疏》，頁 1704 中。按，孔疏引《獨斷》“下附”文義不

明。蔡邕《獨斷》的原文是這樣的："策書。策者，簡
也。《禮》曰：不滿百文，不書於策。其制，長二尺，短
者半之，其次一長一短，兩編，下附篆書，起年月日，稱
皇帝曰，以命諸侯、王、三公。""下附篆書"或作一句
讀。參見注 116。

杜元凱（222—284），即杜預，元凱是他的字，西晉
京兆杜陵（今陝西西安東南）人。杜預博學而且多謀略，
朝野稱他爲"杜武庫"。杜預善用兵，滅吳功成之後，耽
思經籍，酷愛《左傳》，自稱有《左傳》癖。著有《春秋
左氏經傳集解》等書，在《左傳》的研究中具有重要地
位，參見注 13。

36 引文見《儀禮·聘禮》賈公彥疏，原文作："云'策，
簡。方，板也'者，簡謂據一片而言，策是編連之稱。
是以《左傳》云'南史氏執簡以往'，是簡者未編之稱。
此經云'百名以上書之於策'，是其衆簡相連之名。"《十
三經注疏》，頁 1072 上。"簡謂據一片而言"，王引文脫
"謂"；"編連"，王引文作"連編"。（見第 90 頁插圖）

賈公彥：唐永年（今河北永年）人，著有《周禮義
疏》《儀禮義疏》，對鄭玄注經加以疏解，精深賅博。

37 引文見杜預《春秋左氏傳序》"諸侯亦各有國史，大事書
之於策，小事簡牘而已"一句孔穎達疏，參見注 33、
注 35。

孔穎達（574—648），字沖遠，唐衡水（今河北衡水
東）人。生於北朝，年少時曾從劉焯（544—610）問學。
隋末，選爲"明經"，授河內郡博士。到唐代，歷任國子

博士、國子司業、國子祭酒等職務。曾奉唐太宗的命令，編撰五經正義：《周易正義》《尚書正義》《毛詩正義》《禮記正義》《春秋左傳正義》，皆收入今《十三經注疏》。

38 引文見《尚書正義・尚書序》"爲隸古定，更以竹簡寫之"，孔穎達《疏》原文作："顧氏（彪）云，策長二尺四寸，簡長一尺二寸。"《十三經注疏》，頁 115 下～116 上。"策長二尺四寸"，王文引作"二尺四寸爲策"。"簡長一尺二寸"，王文引作"一尺二寸爲簡"。

　　顧彪，字仲文，隋餘杭（今浙江杭州）人。隋煬帝時，爲秘書學士，《北史・儒林傳》有傳。著有《古文尚書義疏》二十卷等。

39 參見注 31。《論衡校釋》，頁 551。

40 引文見《論衡・謝短篇》，《論衡校釋》本作："二尺四寸，聖人文語，朝夕講習，義類所及，故可務知。漢事未載於經，名爲尺藉短書，比於小道，其能知，非儒者之貴也。"《論衡校釋》，頁 557。"其能"之下王引文脱一"知"字；"非儒者之貴"，"貴"字王引文誤爲"責"字。這句話的大意是，聖人的論說，用二尺四寸長的簡册書寫，儒生們早晚講習，鑽研奧義。漢代的事情沒有在經書裏記載，只寫在一尺長的短簡册中，不是經典所載者，均爲小道，儒者都不予重視。這裏是說，儒家經典内容重要，所以要用二尺四寸策，而當朝的故事内容不太重要，用一尺左右的策就可以了。所寫文字的重要性不同，使用簡册的形制長短就不同。務：追求、謀求的意思。

　　《謝短篇》，評議儒生與文吏的短缺，指出儒生各家

坐守師説，文吏不曉吏道，當知而不知，都是由於不能博
覽的緣故。

41　引文見《説文·丌部》，原文作："典，五帝之書也。从
册在丌上，尊閣之也。莊都説：典，大册也。"中華本，
頁 99 下。

　　　莊都，漢代人。許慎《説文解字》中引用了很多當
時人的意見，其中有些人的生平事迹已經很難查考了。馬
宗霍《説文解字引通人説考》中指出《説文》中引用的
有孔子説，楚莊王説，韓非説，司馬相如説，董仲舒説，
淮南子説，衛宏説，揚雄説，劉歆説，桑欽説，杜林説，
賈逵説，傅毅説，官溥説，譚長説，王育説，尹彤説，張
徹説，黃顥説，周成説，逮安説，歐陽喬説，甯嚴説，爰
禮説，徐巡説，莊都説等。

42　舊説少昊、顓頊、高辛、堯、舜之書稱爲"五典"。

43　"鄭作《論語序》"的"作"字，遺書本、雲窗本作
"注"，今據手稿本及《儀禮》疏原文改。指鄭玄爲所注
《論語》所寫之《序》。《論語》，是孔子弟子及其再傳弟
子記録、彙編孔子言行的書。西漢時曾有今文本的《魯
論語》和《齊論語》以及古文本的《古論語》三種本
子，西漢末年安昌侯以《魯論》爲底本，參照《齊論》
而編《張侯論》。東漢鄭玄又混合《張侯論》和《古論》
而成今本《論語》，並爲其作注。其後，魏何晏作《論語
集解》，這是漢魏人注解《論語》的集成之作，並首創文
獻學史上的集解體。從此以後，鄭注本漸漸亡佚，雖然
《論語集解》中也引用鄭玄的注，但是何晏采諸家之説，

鄭注只是其中之一。二十世紀，在敦煌、吐魯番發現的
唐寫本《論語》鄭注殘卷，對於今人了解《論語》鄭注
提供了許多新材料。上世紀三十年代以來，西北地區發
掘的簡牘中，發現有殘斷的《論語》，包括失傳的《齊論
語》簡。七十年代以來，有更多簡牘資料《論語》發現，
如定縣八角廊漢簡《論語》、朝鮮貞柏洞漢簡《論語》、
海昏侯墓出土漢簡《論語》（可能是已失傳的《齊論
語》），以及安大藏戰國簡《仲尼曰》、荆州王家嘴戰國
簡《孔子曰》等。

44 《易》：遺書本、雲窗本脱，今據手稿本補出。

45 《樂》：《樂經》，與《詩》《書》《禮》《易》《春秋》合
稱六經，漢代稱爲六藝。《漢書·藝文志》六藝略下著録
《詩》《書》《禮》《易》《春秋》五類皆稱經若干，而
《樂》類下著録《樂記》二十三篇。今文家認爲，"樂"
本無經，只是附於《詩經》的一種樂譜。古文家認爲，
《樂經》亡於秦始皇焚書時。

46 《孝經》：全文不足兩千字，是十三經中篇幅最爲短小的一
經。書中大部分是孔子與曾子的問答，論述的内容主要是
孝道和孝治。孝道講後輩與父母等長輩的關係，而孝治則
講的是君臣關係。《孝經》有今古文兩個本子：今文本鄭
玄注，分十八章；古文本孔安國注，分二十二章。唐玄宗
開元十年（722 年）御注本頒行天下後，這兩個本子都不
再流行。《十三經注疏》中，用的就是御注本的注，宋邢
昺的疏。謙：讓也，有小、不足的意思。

47 引文見《儀禮·聘禮》"百名以上書於策，不及百名書於

方”，孔穎達疏原文作：“鄭作《論語序》云：《易》《詩》《書》《禮》《樂》《春秋》策，皆尺二寸，《孝經》謙半之，《論語》八寸策者，三分居一，又謙焉。”王引文脫“三分居一”。《十三經注疏》，頁 1072 上。阮元《校勘記》：“按：……此云‘尺二寸’，乃傳寫之誤，當作‘二尺四寸’。下云‘《孝經》謙半之’，乃一尺二寸也。又云‘《論語》八寸策者，三分居一，又謙焉’，謂《論語》八寸，居六經三分之一，比《孝經》更少四寸，故云‘又謙焉’。”《十三經注疏》，頁 1076 中。（見第 91 頁插圖）

48 鄭元：即鄭玄，這是王國維避康熙帝“玄燁”名諱，改“玄”字爲“元”字。以下將房玄齡稱爲房元齡，將桓玄稱爲桓元都是這個緣故。

49 引文見杜預《春秋左氏傳序》孔穎達疏，原文作：“鄭玄注《論語序》，以《鉤命決》云：‘《春秋》二尺四寸書之，《孝經》一尺二寸書之。故知六經之策，皆稱長二尺四寸。’”《十三經注疏》，頁 1704 中。《鉤命決》，王引文作《孝經鉤命決》；兩“書之”，王引文皆脫“之”字；“皆稱長二尺四寸”，王引文脫“稱”字。

《鉤命決》：《孝經》緯書的一種，其書久佚，後人有輯本。所謂緯書，是對經書而言，漢人僞托爲孔子所作，有易緯、書緯、詩緯、禮緯、樂緯、春秋緯、孝經緯七種，稱爲“七緯”。內容主要以儒家經義，附會人事吉凶禍福，預言治亂興廢。南朝宋時開始禁止緯書流傳。

50 《通典》：唐杜佑撰，凡二百卷。杜佑（735—812），字君卿，京兆萬年（今陝西西安）人，出身於顯貴的官宦家庭。杜佑爲官五十多年，位至宰相，正由於有這些經驗，他對官場以及整個封建社會基本結構的認識都相當深刻。《通典》一書分食貨、選舉、職官、禮、樂、兵、刑、州郡、邊防九個門類，每一門類下又分若干子目，按政治措施之本末先後和輕重緩急編排，爲後代典志體政書的編纂確立了基本格局。

　　“封禪”：帝王祭天地的典禮，在泰山頂上築土爲壇祭天，報天之功，爲“封”；在泰山腳下梁父山闢場祭地，報地之功，爲“禪”。相傳上古之時，封泰山、禪梁父者，有七十二家。秦漢以來歷代王朝皆以封禪爲國家最重要的典禮。《史記》有《封禪書》。許敬宗：字延族，唐杭州新城（今浙江富陽西南）人，唐太宗時任著作郎，高宗時升禮部尚書。支持立武則天爲昭儀，參與貶黜褚遂良，殺長孫無忌等事。

51　引文見《通典》卷五十四《禮十四·吉十三·封禪》本注，原文作：“封禪使許敬宗與禮官等又奏曰：‘謹按司馬彪《續漢書》曰，建武三十二年封泰山，求元封故事所施用者。有司奏，用玉牒書藏方石中，厚五寸，長尺三寸，廣五寸。有玉檢，厚二寸，長短闊狹，一如玉牒。又按，《説文》云：“簡，牒也。”則知牒是簡之別名，且牒是片竹，故其字從片。封禪牒雖用玉，其制宜與竹同。廣厚五寸，何名簡牒？又按《孝經鉤命決》云：“六經冊長尺四寸，《孝經》冊長尺二寸。”遍檢古之簡牒，無尺三寸之制。臣等參詳典故，務取折衷，其玉牒請同玉簡冊，長尺二寸，廣寸二分，厚三分，以金繩連編，同簡之數，隨文多少，盛之玉匱，封㯹石內，則合古文，於事爲允。'詔從之。"中華書局點校本，頁 1517～1518，1988年（以下簡稱中華點校本）。中華書局 1984 年影印商務印書館萬有文庫十通本（以下簡稱中華影印本），"同簡之數"之"同"作"固"，頁 313 上。

52　繹：音 yì，推究，尋求。

53　第，只是。第據：只是根據。

54　鄭君生年後於王仲任：鄭玄（127—200）是東漢獻帝時人，王仲任即王充（27—約 97），東漢和帝時人，因此說鄭玄晚于王充。

55　引文見《後漢書·周磐傳》，原文作："（磐）既而長歎：'……若命終之日，桐棺足以周身，外椁足以周棺，斂形懸封，濯衣幅巾。編二尺四寸簡，寫《堯典》一篇，并刀筆各一，以置棺前，示不忘聖道。'"中華本，頁 1311。周磐（49—121），字堅伯，汝南安成（今江西安福西北）人。東漢和帝時拜謁者，升任陽夏重合令。以孝母著稱。

　　《後漢書》：今本一百二十篇，分一百三十卷，南朝宋范曄（398—445）和西晉司馬彪（？—約 306）撰。范曄寫完《後漢書》的《紀》《傳》之後，沒來得及作《志》就去世了。南朝梁劉昭注此書時，爲了彌補這一缺憾，引入西晉司馬彪《續漢書》的八《志》。（而司馬彪的《續漢書》，除了這八《志》以外，就都亡佚了。）到了北宋真宗時，將范曄書和這八《志》合刻，成爲今本《後漢書》的範式。唐章懷太子李賢（653—684）爲之作注。清王先謙作《後漢書集解》，搜集諸家之説，加以案語，非常詳博。

《堯典》:《尚書》第一篇，記述堯舜禪讓的故事。

56 引文見荀勗《穆天子傳序》，原文作："古文《穆天子傳》者，太康二年汲縣民不準盗發古冢所得書也，皆竹簡，素絲編，以臣勗前所考定古尺度其簡，長二尺四寸，以墨書，一簡四十字。"晉郭璞（276—324）注《穆天子傳》，頁2，上海古籍出版社，1990年影印本。"素絲編"，王文引作"素絲綸"。西晉武帝太康二年（281年），汲縣人不準盗掘戰國魏襄王墓，發現大批竹簡，後來官府加以保護。這些竹簡經過當時學者荀勗、和嶠、束皙、杜預等整理，成書十六部七十五篇，編入當時的宫廷藏書目録《中經》。這次竹簡的發現和整理意義重大，對中國學術史産生了深远的影响。可惜後來很多書又佚失了，現在僅能看到《穆天子傳》及輯本《竹書紀年》等。

荀勗（？—289）：西晉潁川潁陰（今河南許昌）人，字公曾。

《穆天子傳》：又稱《周王遊行記》，共五卷（《隋書·經籍志》《舊唐書·經籍志》《新唐書·藝文志》作六卷，今本亦作六卷，是加入了《周穆王美人盛姬死事》一卷）。記載周穆王西遊昆侖見到西王母的神話傳説。其中講到周穆王的大臣毛班，稱爲毛公，見於穆王時代的青銅器"班簋"銘文中，説明此書有真實的史料價值。晉郭璞爲其作注。素絲綸：白色絲質編繩，這是講編聯簡册繩子的質料。

57　引文見《後漢書·曹襃傳》，原文作：“襃既受命，乃次序禮事，依準舊典，雜以五經讖記之文，撰次天子至於庶人冠婚吉凶終始制度，以爲百五十篇，寫以二尺四寸簡。”中華本，頁 1203。“撰次”，王引文脱“次”字。“百五十篇”，遺書本、雲窗本脱“百”字，今據手稿本及《後漢書·曹襃傳》原文補出。昏：“昏”的本字，通“婚”。

58　引文見《鹽鐵論·詔聖篇》，王文誤作《貴聖篇》。原文作：“大夫曰：‘……令何爲施？法何爲加？湯、武全肌骨而殷、周治，秦國用之，法弊而犯。二尺四寸之律，古今一也。或以治，或以亂。’”王利器《鹽鐵論校注》，頁 595，中華書局，1992 年。

　　《鹽鐵論》：漢桓寬撰，十二卷六十篇。西漢始元六年（前 81 年）昭帝下詔，召集各地推舉的賢良、文學六十多人到京城舉行會議，“問民間疾苦”。大家都反對鹽鐵官營、均輸、平準，由此對政府進行了全面批評，並與御史大夫桑弘羊等反復辯論。桓寬將這些議論記載下來，撰成《鹽鐵論》。

59　括號內“案”字以下內容，原文爲雙行小注。下同。

60　《隋書·律曆志上》記：“一、周尺，《漢志》王莽時劉歆銅斛尺，後漢建武銅尺。”中華本，頁 402。是王文所謂“以周尺與漢尺爲一種”。

　　《隋書》：唐令狐德棻（583—666）、長孫無忌（？—659）監修，共八十五卷。《紀》《傳》五十五卷，由魏徵（580—643）、顏師古、孔穎達等撰，《志》三十卷，由于志寧（588—665）、李淳風（602—670）、李延壽等撰。《志》以隋爲主，亦上溯梁、陳、北齊、北周，初稱《五代史志》，後併入《隋書》。《律曆志》，正史中記載樂律及曆法制度與沿革之志。《史記》有《律書》《曆書》，《漢書》合爲《律曆志》。其後，斷代史《後漢書》《魏書》《晉書》和《隋書》等都有《律曆志》。

61　《考工記》：即今《周禮》第六篇《冬官》。西漢河間獻王得《周禮》時，《冬官》經文就已經佚失，後以《考工記》來替補。它和《周禮》前五篇的格式不同，它不列舉屬官及其爵等、職責，而列舉並敘述隸屬於宮廷的各色工匠及他們技藝的技術細節，例如，馬車、武器和船隻的製造等。《考工記》詳細描繪各器物的組成部件，明確記載負責建造工程各部件的工匠。清代學者江永（1681—1762）《周禮疑義舉要》卷六認爲，《考工記》中有戰國時代的地名和齊國的方言，因而是一本戰國晚期齊國人編著的書。

62　引文見《周禮·冬官·考工記下》，原文作："琬圭九寸而繅，以象德；琰圭九寸，判規，以除慝，以易行。……璧琮九寸，諸侯以享天子。穀圭七寸，天子以聘女；大璋、中璋九寸……天子以巡守。"《十三經注疏》，頁 922 下。琬圭：上端渾圓而無棱角的一種圭。琰（yàn）圭：上端是尖銳形的圭。璧琮：一種方形、中有圓孔的玉，用於祭地，也可用作發兵的憑信。璋：頂端作銳角形的一種玉，是古代貴族在舉行朝聘、祭祀、喪葬時所用的禮器。

63　引文見《國語·魯語下》，原文作："仲尼在陳，有隼集於陳侯之庭而死，楛矢貫之，石砮，其長尺有咫。"上海師範大學點校本，頁 214，上海古籍出版社，1978 年。
咫：周尺八寸叫咫，後常用來比喻短或近。

《國語》，相傳爲春秋時左丘明作，共二十一篇，爲分國記言記事的史書，分爲周、魯、齊、晉、鄭、楚、吳、越八國，起自周穆王十二年（前965年，據夏商周斷代工程年表），終於周貞定王十六年（前453年）。三國時吳韋昭採鄭衆、賈逵、虞翻等諸家説作注。

64　不云二尺二寸：如果按照十寸爲一尺，尺有咫，就是一尺八寸；如果按照八寸爲一尺換算，就是二尺二寸。既然不説二尺二寸，可見還是按照十寸爲一尺計算的。

65　引文見《左傳·僖公九年》：“對曰：‘天威不違顔咫尺，小白余敢貪天子之命，無下拜？’”這段話是齊桓公小白答周天子使臣的話，意思是説：天子的威嚴没有離開我的顔面咫尺之遠，小白我豈敢接受天子的命令而不下拜？《十三經注疏》，頁 1800 下。

66　引文見《禮記·檀弓上》，原文作：“南宮縚之妻之姑喪，夫子誨之髽，曰：爾毋從從爾，爾毋扈扈爾。蓋榛以爲笄，長尺而總八寸。”《十三經注疏》，頁 1278 中。意思是説：南宮縚（音 tāo）的妻子死了婆婆，孔夫子教她做喪髻説，你不要做得很高，你也不要做得很大，可以用榛木作髮簪，長一尺，而束髮後下垂爲裝飾的帶子，只能長八寸。總：用帶子將頭髮束起來之後剩餘的部分。

《檀弓》：《禮記》篇名，記述喪葬制度，因第一節記一個叫檀弓的人的事跡而得名。

67　引文見《説文·尺部》，原文作：“咫，中婦人手，長八寸謂之咫，周尺也。"中華本，頁 175 下。

68　引文見《説文·夫部》，原文作："夫，丈夫也……周制以八寸爲尺，十尺爲丈，人長八尺，故曰丈夫。"中華本，頁 216 上。

69　引文見《論衡·正説篇》，《論衡校釋》本作："夫《論語》者，弟子共紀孔子之言行，敕記之時甚多，數十百篇，以八寸爲尺，紀之約省，懷持之便也。"《論衡校釋》，頁 1136。參見注 82。

　　《正説篇》，講述《詩》《書》《易》《禮》《春秋》《論語》等書篇數章目的流傳情形。

70　引文見《獨斷》卷上，原文作："夏以十三月爲正，十寸爲尺……。殷以十二月爲正，九寸爲尺……。周以十一月爲正，八寸爲尺……"《漢魏叢書》本，頁 181 中，吉林大學出版社，1992 年。

　　《獨斷》：漢蔡邕撰，分上下二卷。蔡邕（132—192），字伯喈，陳留圉縣（今河南杞縣西南）人，《後漢書》有傳。蔡邕主要以建議刊刻東漢熹平石經和熟知漢代制度而著名。除《獨斷》外，其詩作及墓誌銘被後人輯爲《蔡中郎集》。《獨斷》一書，記載了漢代以及此前禮制的一些内容，還列有一個漢代皇帝的世系表。

71　引文見《通典》卷五十五《禮十五·吉十四·歷代所尚》，原文作："夏后氏尚黑……十寸爲尺。殷人尚白……十二寸爲尺。周人尚赤……八寸爲尺。"本注引《白虎通》爲證。"十寸爲尺"下本注曰："《白虎通》曰：夏法日，日數十也。……故以十寸爲尺。""十二寸爲尺”下本注曰：“《白虎通》云：法十二月。”“八寸爲尺”
下本注曰：“《白虎通》云：周據地而生，地者陰，以婦
人爲法。婦人大率奄八寸，故以八寸爲尺。”中華影印
本，頁 316 下。中華點校本，頁 1543～1544。

72　引文見《禮記·王制》鄭注，原文作：“周尺之數，未詳
　　聞也。按禮制，周猶以十寸爲尺，蓋六國時多變亂法度。
　　或言周尺八寸，則步更爲八八六十四寸。”《十三經注
　　疏》，頁 1347 下。“按”，王文引作“據”。“多變亂法
　　度”，遺書本引作“多法變度”，手稿本作“多始變法
　　度”，雲窗本作“多變法度”，今據《禮記·王制》鄭注
　　校改爲“多變亂法度”。

73　引文見《史記·酷吏列傳·杜周》，原文作：“客有讓周
　　曰：‘君爲天子決平，不循三尺法，專以人主意指爲獄。
　　獄者固如是乎？’周曰：‘三尺安出哉？前主所是著爲律，
　　後主所是疏爲令，當時爲是，何古之法乎！’”裴駰《集
　　解》引《漢書音義》曰：“以三尺竹簡書法律也。”中華
　　本，頁 3153。

　　　《酷吏列傳》，《史記》卷一二二，記載漢代初年至武
　　帝時期酷吏郅都、寧成、張湯、杜周等人的事跡。

74　引文見《漢書·朱博傳》，原文作：“文學儒吏時有奏記稱
　　説云云，博見謂曰：‘如太守漢吏，奉三尺律令以從事耳，
　　亡奈生所言聖人道何也！’”中華本，頁 3400。又，“（博）
　　謂曰：‘……然廷尉治郡斷獄以來且二十年，亦獨耳剽日
　　久，三尺律令，人事出其中。’”中華本，頁 3404。

75　引文見《南齊書·文惠太子傳》，原文作：“時襄陽有盜

發古塚者，相傳云是楚王塚，大獲寶物，玉屐、玉屏風、竹簡書、青絲編。簡廣數分，長二尺，皮節如新。盜以把火自照，後人有得十餘簡，以示撫軍王僧虔，僧虔云是科斗書《考工記》，《周官》所闕文也。"《南齊書》，頁398，中華書局點校本，1972年。

《南齊書》，南朝梁蕭子顯（487—537）撰，六十卷，今本佚失《序録》一卷，存五十九卷。南齊襄樊出土的這批竹簡，是古代繼晉太康二年（681）汲家竹書後的戰國竹簡的又一次重大發現。科斗書，一種書體，以今天的研究來看，其實就是戰國文字。王僧虔認爲它是《考工記》，今有學者主張可能是遣策。

76　引文見《隋書·律曆志上》，原文作："十二、宋氏尺實比晉前尺一尺六分四釐。"中華本，頁406。"十五、梁朝俗間尺……實比晉前尺一尺七分一釐。"中華本，頁408。《隋書·律曆志》將歷代尺度分爲一十五等。第一是晉泰始十年荀勗所考定之律尺，稱爲晉前尺，與周尺、漢尺相同。第十二是宋氏尺，第十五是梁朝俗間尺。宋氏，指南朝劉裕之宋。

77　引文見《玉海》卷八五，原文作："應劭曰：'籍者，爲尺二竹牒，設其年紀、名字、物色，挂之宫中，案省相應，乃得入也。'"《玉海》，頁1567上，江蘇古籍出版社、上海書店聯合影印，1987年。

《玉海》：宋王應麟（1223—1296）編撰的一部類書，匯集上古至宋代有關典章制度方面的資料。全書共二百卷，附《辭學指南》四卷，分爲天文、律曆、地理、臺閣、宮室、服食、器用等二十一部，二百四十多個子目。

籍：門籍，這裏指進入皇宮大門的登記簿。

78 引文見《古今注》卷下《問答釋義第八》，原文作：“牛亨問曰：‘籍者，何也?’答曰：‘籍者，尺二竹牒，記人之年、名字、物色，縣之宮門，案省相應，乃得入也。’”《四部叢刊》三編，上海商務印書館影印，1936 年。

崔豹：字正熊（或作“雄”），西晉惠帝時任太子太傅丞，撰《古今注》。《古今注》：共三卷。内容主要是對古代的各項名物制度進行解釋和考證。余嘉錫《四庫提要辨證》（中華書局，1980 年）卷一五《古今注》條對《古今注》和崔豹其人有詳細的考證，可參看。

79 引文見《漢書·元帝紀》“令從官給事宮司馬中者，得爲大父母父母兄弟通籍”顏師古注，原文作：“應劭曰：‘……籍者，爲二尺竹牒，記其年紀、名字、物色，縣之宮門，案省相應，乃得入也。’”中華本，頁 286。

應劭：字仲遠，東漢汝南南頓（今河南項城西北）人。《後漢書》有傳。獻帝建安元年（196 年）遷都許（今河南許昌東），典章湮没，應劭著《漢官儀》，對朝廷制度的重建起了很大作用。此外，應劭又著有《風俗通義》《漢書集解音義》等，後者在顏師古注《漢書》時被多次引用。這裏，王國維認爲“二尺竹牒”有誤，根據《玉海》卷八五引文及崔豹《古今注》引文改爲“尺二竹牒”。

80 引文見《後漢書·百官志二》“宮掖門”，原文作：“本注曰：……凡居宮中者，皆有口籍於門之所屬。宮名兩字，爲鐵印文符，案省符乃内之。”劉昭注：“胡廣曰：‘符用

木，長尺二寸，鐵印以符之。'"中華本，頁 3580。口
籍：居住在皇宮裏的人員的登記簿。這句話的大意是，凡
在宮內居住的人，口籍屬於哪個門，都有明確的記錄。屬
於某宮的人員，在口籍上記有所屬宮名的鐵印文符，人員
出入宮廷，須對照檢查出入符與口籍，兩相符合才允許出
入。符：古代通過關卡、門禁及發布命令、調動軍隊的憑證。

　　《續漢書》：西晉司馬彪撰，但是它的《紀》《傳》都
已經亡佚，只有《志》還保存在今本《後漢書》中。參
見注 55。王國維在本文中所徵引的《續漢書》文字，都
是各《志》的內容，即今本《後漢書》的各《志》。

81　引文見《太平御覽》卷六〇六《文部二二·札》，原文
作："《晉令》曰：郡國諸戶口黃籍，籍皆用一尺二寸札，
已在官役者載名。"中華書局影印本，1985 年，頁 2726
下。黃籍：亦稱黃冊，戶口簿。按，長沙走馬樓三國吳簡
中的黃籍簡冊，用竹簡製作，簡長 23～23.5 釐米，合漢
尺一尺。參見《長沙走馬樓三國吳簡·嘉禾吏民田家莂》
"發掘報告"簡牘部分，文物出版社，1999 年。

　　《太平御覽》，宋李昉（925—996）等奉宋太宗之命編
撰的一部類書。全書分一千卷，五十五部。《太平御覽》最
突出的特點是涉及範圍廣，輯錄資料多，它所引用的一千
六百餘種古籍文獻以及其他一些詩賦銘讚，今天十分之七
八都已經亡佚，可見其保存古代文獻資料的價值。

　　《晉令》：據《隋書·經籍志》和《舊唐書·經籍志》
記："《晉令》四十篇，賈充等撰。"此書久佚，後代有輯
佚。近人張鵬一有《晉令輯存》，1989 年三秦出版社出版。

2002 年，甘肅省文物考古研究所在玉門花海畢家灘發掘古墓葬中出土有"晉律令"及注殘文，資料部份公佈。

82　引文見《論衡·正説篇》，《論衡校釋》本作："説《論》者，皆知説文解語而已，不知《論語》本幾何篇；但[知]周以八寸爲尺，不知《論語》所獨一尺之意。夫《論語》者，弟子共紀孔子之言行，敕記之時甚多，數十百篇，以八寸爲尺，紀之約省，懷持之便也。以其遺非經，傳文紀識恐忘，故但以八寸尺，不二尺四寸也。"《論衡校釋》，頁 1135 ~ 1136。"共紀"，王文引作"共記"。"敕記"，遺書本、雲窗本引作"勅已"，今據手稿本改爲"勅紀"。"約省"，王文引作"省約"；"但以"，王文引作"以但"。傳文：即指《論語》，漢時多稱《論語》爲傳。識：記。這段話主要論述《論語》策爲什麽是八寸，大意是：《論語》是孔子弟子門人記録孔子言行的書，當時記録的時候内容很多，有數十百篇，用長度以八寸當一尺的簡册來記，用簡比較省，拿着帶着也比較方便。記録留下的内容不是經文，而是傳文，只是記録下來恐怕忘記，所以就使用以八寸爲一尺的簡册，而不使用二尺四寸長的簡册。

83　引文見《論衡·書解篇》，《論衡校釋》本作："秦雖無道，不燔諸子，諸子尺書，文篇具在。"《論衡校釋》，頁 1159。"篇"，王文引作"書"。燔：燒也。這句話是説，秦始皇没有燒諸子著作，因此抄録諸子書的簡册，都保存下來了。

　　《書解篇》，講述經傳與文章的意義、功用。

84 引文見《説文・竹部》，原文作："符，信也。漢制以竹，長六寸，分而相合。从竹，付聲。"中華書局本，頁 96 上。

85 引文見《説文・竹部》，原文作："筭，長六寸，計歷數者，从竹从弄，言常弄，乃不誤也。"中華書局本，頁 99 上。"計"，遺書本引文作"紀"，雲窗本作"計"。筭，音 suàn，是古代計數、運算的小竹棍，即算籌。歷數：推算日月星辰運行及歲時、節候、曆法。

86 引文見《禮記・投壺》，原文作："筭長尺二寸。"《十三經注疏》，頁 1666 下。"尺二寸"，王引文作"尺有二寸"。

　　《投壺》：《禮記》篇名，記述在投壺中講論才藝之禮。投壺是我國古代宴會中的一種遊戲。方法是以盛酒的壺口作爲目標，用矢投入，以投中多少決定勝負，負者要飲酒作爲懲罰。筭是計算投入壺中箭矢數目的小竹棍。

87 引文見《儀禮・鄉射禮》，原文作："箭籌八十，長尺，有握，握素。"鄭注："箭，篠也。籌，筭也。""握，本所持處也。素，謂刊之也。刊本一膚。"賈疏："長尺，復云有握，則握在一尺之外，則此籌尺四寸矣。"《十三經注疏》，頁 1012 上、中。

　　《鄉射禮》，《儀禮》第五篇。鄉射禮是在古代鄉學進行射箭比賽的禮儀，選拔鄉里賢能舉薦於王。篠，音 xiǎo，小竹。這段引文記述的是計算勝負所用籌碼的數目與形制。這段話的大意是，箭籌八十根，長一尺。有手握的柄，柄不加裝飾。鄭注大意是，"箭籌"是小竹棍，"握"是抓、拿的部位，"素"指柄沒有別的裝飾，只是

簡單用刀削刻而成，其長度爲"一膚"。"膚"是古代的
長度單位，一指爲寸，四指爲膚。《公羊傳·僖公三十一
年》："觸石而出，膚寸而合。"何休注："側手爲膚，案
指爲寸。"（《十三經注疏》，頁 2263 下）"膚"，或作
"扶"。《禮記·投壺》鄭注："鋪四指曰扶，一指案寸。"
（《十三經注疏》，頁 1666 下）所以"一膚"就是四寸。
一般來説，我們正是用四指握柄。賈疏大意是，箭籌長一
尺，又説有握，那麼握應當在一尺之外，因此這種籌的全
長應該爲一尺四寸。

88　引文見《漢書·律曆志上》，原文作："其算法用竹，徑
一分，長六寸，二百七十一枚而成六觚，爲一握。"中華
本，頁 956。"其算法"，王引文作"算法"。顏師古注引
蘇林曰："六觚，六角也。度角至角，其度一寸，面容一
分，算九枚，相因之數有十，正面之數實九，其表六九五
十四，算中積凡得二百七十一枚。"六觚就是正六邊形的
觚，一握即一手所握。正六邊形，每邊九枚，最外層五十
四枚，計十層，共計二百七十一枚。

89　以上是從制度的角度來説明"籌"爲"策"之一種。下
面開始從字形角度來説明這一點。

90　"古者史官，一名作册"，參見注7。

91　从手執中："史"字在甲骨文中寫作"𠂤""𠂤"形；在
金文中寫作"𠂤""𠂤"形，都像是用手拿着"中"的
樣子。王國維認爲，"中"字的本義就是簿書，就是案
卷，因此掌文書者謂之"史"。參見王國維《觀堂集林》
卷六《釋史》（《王國維遺書》第一册）。

92　《大射禮》：《儀禮》第七篇。大射禮是諸侯舉行祭祀典禮
　　之前，與群臣一起舉行射箭比賽的禮儀，大射禮後，將按
　　照射箭成績挑選參加祭祀活動的人。

　　　　實筭、釋筭：《儀禮·大射禮》：“太史實八筭于中，
　　橫委其餘於中西，興，共而俟。……司射退，反位。釋獲
　　者坐取中之八筭，改實八筭，興，執而俟，乃射。若中，
　　則釋獲者每一个釋一筭，上射於右，下射於左。若有餘
　　筭，則反委之，又取中之八筭，改實八筭於中。興，執而
　　俟。”《十三經注疏》，頁 1036 下。意思是说：太史把八支
　　籌碼放在“中”裏，其餘的籌碼先放在“中”的西邊，
　　站起，拱手等候。……司射退回原位。太史拿出“中”
　　裏面的八支籌碼，另放進八支籌碼，站起，拿着取出的八
　　支籌碼等候。然後開始射箭。射中一箭，太史就放一支籌
　　碼，統計上位射手的籌碼放在右邊，下位射手的籌碼放在
　　左邊。如果最後手裏的八支籌碼還有剩餘，就反身放在地
　　上。然後再取“中”裏邊的八支籌碼，另放八支到“中”
　　裏。站起，拿着剛取出的八支籌碼等候着。實筭：是指手
　　裏握着筭準備爲射者計算射中的箭數。釋筭：有射中一箭
　　的，就在射者的名下放一筭。

93　引文見《儀禮·既夕禮》，原文作：“主人之史請讀賵，
　　執筭從，樞東，當前束，西面。”鄭注：“古文筭，皆爲
　　筴。”《十三經注疏》，頁 1154 下。古文：漢代學者所謂古
　　文，指秦統一以前，東方六國的文字。參見王國維《觀
　　堂集林》卷七《戰國時秦用籀文六國用古文説》《〈史
　　記〉所謂古文説》《〈漢書〉所謂古文説》《〈説文〉所謂

古文説》等文（《王國維遺書》第一册）。意思是説：主人的負責文書的"史"請主人同意宣讀賓客贈送的禮物清單，得到允許後拿着策書的人跟隨"史"從靈柩的東側走過，面向西於主人之前。鄭玄注説，"筭"字，在古文裏都寫成"笇"。

94　引文見《老子·道經》第二十七章，河上本作："善計，不用籌策。"朱謙之《老子校釋》，頁 108，中華書局，1984 年。傅奕本作："善計者，不用籌策。"王引文同傅奕本。馬王堆帛書甲、乙本皆作："善數者，不用檮（籌）笇（策）。"

　　《老子》：又名《道德經》，相傳爲春秋時老聃所撰。老聃，姓李名耳，楚國人。老子主張清静無爲，無私，無欲，貴柔，貴儉。其書在戰國時已流傳甚廣，道家、法家皆推崇之。流傳注本有河上公注本，王弼注本，傅奕注本等。1973 年，在湖南長沙馬王堆漢墓中得《帛書老子》二種。一爲用比較古拙的隸書書寫，一爲用比較成熟的隸書書寫，均約萬字。1993 年，在湖北荆門郭店又發現了戰國時用楚國文字抄寫的《老子》。

95　引文見《史記·五帝本紀》："（黄帝）獲寶鼎，迎日推筴。"《集解》："晉灼曰：'筴，數也，迎數之也。'瓚曰：'日月朔望未來而推之，故曰迎日。'"《索隱》曰："《封禪書》曰'黄帝得寶鼎神策'，下云'於是推策迎日'，則神策者，神蓍也。黄帝得蓍以推算曆數，於是逆知節氣日辰之將來，故曰推策迎日也。"中華本，頁 6~8。

　　《五帝本紀》，《史記》第一篇，記黄帝、顓頊、帝嚳、唐堯、虞舜事跡。

96　引文見《說文·竹部》，原文作："算，數也，从竹从具，讀若筭。"中華本，頁99上。

97　引文見《張遷碑》，原文作："蠶月之務，不閉四門。臘正之祭，休囚歸賀。八月筭民，不煩於鄉。"八月筭民："筭"字作筴，應是"筭"字，讀爲"算"。這是稱讚張遷爲穀城長時，百姓安居樂業的情況，大意是說：養蠶之月（農曆三月，一說爲四月），四方都不用關門。臘祭之月，囚犯也可以回家。八月進行一年的戶口賦稅核算時，鄉里百姓不感到煩擾。東漢時，每年到八月爲一統計年度，各地要進行戶口、賦稅、倉庫、治安情況的核查。《後漢書·皇后紀》："漢法常因八月筭人。"李賢注引《漢儀注》曰："八月初爲筭賦，故曰筭人。"核查以後，各縣將當地的政經數據資料上報郡國，郡國在九月派"上計吏"上報中央政府。"上計吏"是州郡、諸侯王國到中央呈送年度政治、財政、法治情況報告和簿籍的官吏。

　　《張遷碑》，東漢碑刻，東漢靈帝中平三年（186年）立，碑在今山東省東平縣。碑額篆書，稱"漢故穀城長蕩陰令張君表頌"，碑文隸書，記述張氏祖先及張遷爲穀城長的政績。張遷原任穀城長時，施行仁政，爲百姓做了很多事，後來被調任蕩陰令。穀城的百姓感激張遷，就立了這塊碑來紀念他。《張遷碑》的拓片可參見北京圖書館金石組編《北京圖書館藏中國歷代石刻拓本匯編》第一冊（共一百冊），頁179~180，中州古籍出版社，1987年。

98 龜策：占卜的兩種工具，龜甲和蓍草，代表了卜和筮兩種
不同的占卜方法。卜，多數時候用龜甲，有時候也用骨
頭，根據甲骨的兆相來判斷吉凶。筮，是一種數字占卜，
多數時候用蓍草，有時候也用竹籌，根據蓍草或竹籌推算
所得數字的變化來判定吉凶禍福。卜和筮，都有很悠久的
歷史，在古代的占卜制度中，往往是卜筮並用的。蓍龜：
意同“龜策”，蓍即“蓍草”，龜即“龜甲”。根據王國維
的説法，在古書中，“龜策”一詞比“蓍龜”一詞用得
更多。

99 引文見《易・繫辭傳》第九章，原文作：“乾之策二百一
十有六，坤之策百四十有四，凡三百有六十。”《十三經
注疏》，頁 80 下。意思是説：《乾》卦在蓍數中體現爲二
百十六策，《坤》卦爲一百四十四策，合計三百六十，相
當於一年三百六十天。

　　《周易》：本稱爲《易》，是一部占筮書。秦代焚詩書
百家時，不燒“醫藥卜筮種樹之書”，《周易》因此得以
保存。從漢代起，《周易》就被奉爲儒家經典。今天的
《周易》包括本經和易傳，本經就是六十四卦的卦象、卦
辭和爻辭，易傳包括“七種十篇”，即《彖》（分上下）、
《象》（上下）、《繫辭》（上下）、《文言》、《説卦》、《序
卦》、《雜卦》，稱爲“十翼”。1973 年在湖南長沙馬王堆
漢墓中發現帛書《周易》。復旦大學出土文獻與古文字研
究中心、湖南省博物館編纂，裘錫圭主編《長沙馬王堆
漢墓簡帛集成》（中華書局，2014 年），發表了完整的資
料。上海博物館從海外搶救回國的戰國簡牘《周易》，後

由中西書局出版。(濮茅左主編《上海博物館藏楚竹書〈周易〉》，2014 年)

100　引文皆見《禮記·曲禮上》。

“龜筴敝，則埋之”，原文作：“臨祭不惰。祭服敝則焚之，祭器敝則埋之，龜筴敝則埋之，牲死則埋之。凡祭於公者，必自徹其俎。”《十三經注疏》，頁 1250 下。這是說，龜筴是與神靈接通的寶物，壞了就埋掉，不願意讓人褻瀆它。

“倒筴側龜於君前，有誅”，原文作：“振書、端書於君前，有誅；倒筴、側龜於君前，有誅。”《十三經注疏》，頁 1257 下。這是說，將占卜用的筴顛倒，龜反側，要受到責罰。

“龜筴不入公門”，原文作：“龜筴、几杖、席蓋、重素、袗絺綌，不入公門。”《十三經注疏》，頁 1258 上。這裏的龜筴，是指臣的龜筴，不能帶進王家，因為有貞問國家吉凶的嫌疑（不合禮法）。

“龜為卜，筴為筮”，原文作：“龜為卜，筴為筮。卜筮者，先聖王之所以使民信時日，敬鬼神，畏法令也；所以使民決嫌疑，定猶與也。故曰：疑而筮之，則弗非也。日而行事，則必踐之。”《十三經注疏》，頁 1252 中。這是說，灼龜以觀其兆為卜，揲蓍以論其數為筮，這是聖王讓人民信天時，敬鬼神，尊法守令的辦法。

《曲禮》，《禮記》篇名，內容包括吉禮、嘉禮、賓禮、軍禮、凶禮等五禮。以其屈曲行事，因此稱為“曲禮”。

101 引文見《戰國策·秦策一·張儀説秦王》，原文作："智伯帥三國之衆，以攻趙襄主於晉陽，決水灌之，三年，城且拔矣，襄主錯龜數策占兆，以視利害，何國可降，而使張孟談。"上海古籍出版社點校本，頁110，1978年。這段話的意思是，趙襄子被智伯率領三國軍隊包圍在晉陽城中數年，放水淹城，城將被攻破，於是趙襄子拿出龜策進行占卜，判斷吉凶，確定向哪個國家施行反間之計，派張孟談去做工作。錯：措，置。錯龜，置龜也。策：蓍也。占兆：占卜時火灼龜甲出現裂紋所呈現的徵象，貞人據此來判斷吉凶。

　　《秦策》：《戰國策》之《秦策》。《戰國策》，簡稱《國策》，另有《短長》《國事》《事語》等不同名稱。原爲戰國時各國史官所輯録的謀臣、策士游説之辭及各國之間政治鬥爭的史事，西漢劉向（約前77—約前6）整理編訂，分爲東周、西周、秦、楚、燕、齊、韓、趙、魏、宋、衛、中山十二國，取名《戰國策》。漢高誘注，共三十三卷，即今之通行本。宋鮑彪，元吳師道（1284—1344）亦各有注本。1973年，湖南長沙馬王堆漢墓出土帛書有相似內容，整理者定名爲《戰國縱橫家書》。參見注119。

102 引文見《楚辭·卜居》，原文作："屈原既放，三年不得復見。……心煩慮亂，不知所從。往見太卜鄭詹尹，曰：'余有所疑，願因先生決之。'詹尹乃端策拂龜，曰：'君將何以教之？'"《楚辭補注》，頁176，中華書局，1983年。"端策拂龜"，端正其策，拂拭其龜，整理容儀，以示敬意。

《楚辭》：西漢劉向編輯的一部作品集，收録了戰國楚人屈原、宋玉等以及漢代淮南小山、東方朔、王褒、劉向等人的辭賦，共十六卷。東漢王逸作《楚辭章句》，又加進了自己的《九思》及班固二《敍》，成爲十七卷本，一直流傳至今。此後，比較著名的注家有：宋洪興祖（1090—1155）撰《楚辭補注》十七卷，宋朱熹撰《楚辭集注》八卷，《辨證》二卷，《後語》六卷，清初王夫之（1619—1692）《楚辭通釋》等。

103　引文見《韓非子》卷五《飾邪篇》，"鑿龜數策"共出現三次，原文作："鑿龜數筴，兆曰大吉，而以攻燕者，趙也。鑿龜數筴，兆曰大吉，而以攻趙者，燕也。……趙又嘗鑿龜數筴而北伐燕，將劫燕以逆秦，兆曰大吉，始攻大梁而秦出上黨矣。"陳其猷《韓非子新校注》，頁338，上海古籍出版社，2000年。這段話的大意是，鑽龜甲，數蓍草，占筮的兆説是大吉，結果實行起來卻都失敗。鑿龜：就是在龜甲的背面鑿孔而不穿透，占卜時對鑿孔處加熱燒灼，使龜甲即出現裂紋。

《韓非子》：戰國末韓非所作，共二十卷，五十五篇。韓非（約前280—前233），本是韓國的公子，他和李斯都是荀子的弟子。秦始皇十三年（前234年），他從韓國出使到秦國，第二年由於被李斯讒言陷害，下獄自殺。《韓非子》一書是法家的代表著作，主張國君應該以法治國。

104　《史記》有《龜策傳》：即褚少孫所補《史記·龜策列

傳》。《索隱》：“《龜策傳》有録無書，褚先生所補。”
《正義》：“《史記》至元、成間十篇有録無書，而褚少孫
補《景》《武紀》《將相年表》《禮書》《樂書》《律書》
《三王世家》《蒯成侯》《日者》《龜策列傳》。《日者》
《龜策》言辭最鄙陋，非太史公之本意也。”中華本，
頁 3223。

105　《周禮》之籑：《周禮·春官》中凡筮字，均作籑，例
如：“籑人掌三易，以辨九籑之名。”（《十三經注疏》，
頁 805 中）小篆：古代字體之一種，秦篆對史籀大篆而
言，稱小篆。許慎《說文解字敘》曰：“（李）斯作《倉
頡篇》，中車府令趙高作《爰歷篇》，太史令胡毋敬作
《博學篇》，皆取史籀、大篆，或頗省改，所謂小篆者
也。”《說文·竹部》：“籑，易卦用著也，從竹，從籑，
籑，古文巫字。”中華本，頁 96 上。籑形與王文所引小
篆“籑”略有不同。

106　韇：音 dú，藏筴之器，用皮革製成，分上下兩截，下韇
盛放著草，上韇為蓋。

107　引文見《儀禮·士冠禮》，原文作：“筮人執筴抽上韇，
兼執之，進受命於主人。”《十三經注疏》，頁 946 中。
這是記冠禮筮日之事。大意是，主管占卜的人手持著
草，抽去收藏著草的筒子的上半截，並拿着筮筒的下
半截，向前走，從主人那裏接受占卜的指示。筮儀：筮
占的儀式。
　　《士冠禮》，《儀禮》第一篇，講述士之男子年二十
而舉行的加冠（表示成人）的禮儀。

108 引文見《儀禮·特牲饋食禮》，原文作：“筮人取筮于西
塾，執之，東面受命于主人。”《十三經注疏》，頁 1179
上。大意是，筮人在西側房內取筮，拿在手中，面向東
聽命於主人。西塾：門西側房。

　　《特牲饋食禮》，《儀禮》篇名。講述諸侯之士祭祀
祖禰之禮。祖，祖父。禰，父。生稱父，殁稱考，入廟
稱禰。特牲：祭祀用一牲，或牛或豬，稱爲特牲。饋食：
指進獻黍稷。

109 三句引文皆見於《儀禮·少牢饋食禮》。

　　“史朝服，左執筮，右抽上韇，兼與筮執之，東面
受命于主人。”《十三經注疏》，頁 1196 上。“與”，遺書
本引文作“於”，今據手稿本、雲窗本改作“與”。這裏
是講卿大夫之祭祀前十日先筮占擇日的禮儀。史：卿大
夫之家臣。朝服：卜筮應着之禮服。《禮記·雜記》云：
“大夫卜宅與葬日……如筮，則史練冠長衣以筮。”《十
三經注疏》，頁 1551 上。史應戴白練冠，着長衣。這句
話的大意是，史穿着禮服，左手拿着筮，右手打開筮草
筒的上蓋，和筮一起拿着，面向東聽命於主人。

　　“抽下韇，左執筮，右兼執韇以擊筮。”《十三經注
疏》，頁 1196 中。大意是，抽開盛放筮草筒的下段，左手拿
着筮，右手一起拿着筮草筒的上蓋和下段，輕輕敲着筮。

　　“吉，則史韇筮，史兼執筮與卦，以告于主人，占
曰從。”《十三經注疏》，頁 1196 下。王文“主人”下未
引“占曰從”三字。卦：指所占得之卦。從：求吉得吉，
是從主人本心，因此叫從。這句話的大意是，筮占結果

假如是吉，那麼史就將筮放回筒裏，史拿着筮與所得之卦，告訴主人占卜結果順利。

《少牢饋食禮》：《儀禮》篇名，講述諸侯之卿大夫祭祀其祖禰於廟之禮儀。少牢：祭祀用羊、豕二牲。

110 引文見《儀禮·特牲饋食禮》"筮人取筮于西塾，執之，東面受命于主人"鄭注。《十三經注疏》，頁 1179 上。

111 《儀禮》鄭玄注"韇，藏筮之器"兩見，一次見於《儀禮·士冠禮》"筮人執筴抽上韇，兼執之，進受命於主人"鄭注，原文作："筮人，有司主三易者。韇，藏筮之器。今時藏弓矢者謂之韇丸也。"《十三經注疏》，頁 946 中。一次見於《儀禮·士喪禮》"筮者東面抽上韇，兼執之，南面受命"鄭注："韇，藏筮之器也。兼與筴執之。"《十三經注疏》，頁 1142 下。王文誤爲《既夕禮》鄭注。按，《既夕禮》鄭注並無"韇，藏筮之器也"的内容。

《士喪禮》：《儀禮》篇名，記述士之父母死後至出殯安葬的喪葬禮儀。

112 册祝：見《周禮·春官·大祝》，文作"筴祝"。"筴"，即"策"，通"册"。《十三經注疏》，頁 808 下。策命：見《周禮·春官·内史》，《十三經注疏》，頁 820 中；《禮記·祭統》，《十三經注疏》，頁 1605 下。

113 引文見《説文·册部》，原文作："册，符命也，諸侯進受於王也。象其札一長一短，中有二編之形。"中華本，頁 48 下。"二"，王引文作"兩"。

114 引文見《史記·三王世家》，原文作："褚先生曰：

'……蓋聞孝武帝之時，同日而俱拜三子爲王：封一子於齊，一子於廣陵，一子於燕。各因子才力智能，及土地之剛柔，人民之輕重，爲作策以申戒之。……至其次序分絕，文字之上下，簡之參差長短，皆有意，人莫之能知。謹論次其真草詔書，編于左方，令覽者自通其意而解說之。'"中華本，頁 2114~2115。這段話的大意是，漢武帝時，同一天一起封三位王子爲諸侯王，作策書加以訓誡，至於次序之先後，文字的輕重，簡册的長短不同，都是有一定意義的，這就不是外人所能知道的了。《史記·三王世家》，有録無文，後由褚少孫補成，收録了漢武帝封三個兒子劉閎、劉旦、劉胥爲齊王、燕王、廣陵王的詔令策書。

115　成數：整數。

116　原文作："策書。策者，簡也。《禮》曰：不滿百文，不書於策。其制，長二尺，短者半之，其次一長一短，兩編，下附篆書，起年月日，稱皇帝曰，以命諸侯、王、三公。"《漢魏叢書》，頁 180 下。"短者"，王引文脱"者"。

117　引文見《隋書·禮儀志四》，原文作："諸王、三公、儀同、尚書令、五等開國、太妃、妃、公主恭拜册，軸一枚，長二尺，以白練衣之。用竹簡十二枚，六枚與軸等，六枚長尺二寸。文出集書，書皆篆字。哀册、贈册亦同。"中華本，頁 175。"恭拜册"，王引文作"封拜册"；"軸一枚"，王引文脱"一枚"二字；"與軸等"，王引文作"與軸平"；"書皆篆字"，王引文脱"書"字。

118　引文見《釋名·釋書契》，原文作："簡，間也，編之篇

篇有間也。”王先謙《釋名疏證補》，頁 296，上海古籍
出版社影印本，1984 年。

《釋名》：漢劉熙撰，八卷，按諧音字解釋名物詞彙
意義，有時難免穿鑿附會。清畢沅（1730—1797）有
《釋名疏證》八卷，又《補遺》一卷。王先謙有《釋名
疏證補》八卷，《續釋名》《釋名補遺》一卷，《疏證補
附》一卷。

119 引文見劉向《上〈戰國策〉書録》，原文作：“所校中
《戰國策》書，中書餘卷，錯亂相糅莒，又有國別者八
篇，少不足，臣向因國別者，略以時次之，分別不以序
者以相補，除復重，得三十三篇。……中書本號，或曰
《國策》，或曰《國事》，或曰《短長》，或曰《事語》，
或曰《長書》，或曰《脩書》。臣向以爲，戰國時游士輔
所用之國，爲之策謀，宜爲《戰國策》。”上海古籍出版
社點校本，頁 1195。“中書本號”，遺書本引文脱“書”
字，今據手稿本、雲窗本補出。《短長》，遺書本、雲窗
本引文作“長短”，今據手稿本及《上〈戰國策〉書録》
原文改。這段話的大意是，劉向編校《戰國策》，是從
“中書”未經整理的部分裏找出來的（所謂“中書”，是
指漢王朝宮廷藏書機構秘閣所藏之書）。這些書錯亂雜
糅，其中有八篇書本來是按照國別編録的，有些不足，
劉向仍按照國別整理，依時間先後編訂，共整理出三十
三篇。中書中的有些書本來就有書名，但是書名各不相
同，分別叫做《國策》《國事》《短長》《事語》《長書》
《修書》。劉向認爲，書中所記内容是戰國時雲遊天下之

士，輔佐任用他們的國家，爲它們出謀劃策，因此書名
應當叫做《戰國策》。

120 從出土的簡牘實物看，編聯成册的簡，長短大抵相同，
迄今並未發現有長短差距很大，明顯呈一長一短的形制。

121 引文見《晉書·束皙傳》，原文作："時有人於嵩高山下
得竹簡一枚，上兩行科斗書，傳以相示，莫有知者。司
空張華以問皙，皙曰：'此漢明帝顯節陵中策文也。'檢
驗果然，時人伏其博識。"中華本，頁 1433。

122 荀勗《穆天子傳序》記，《穆天子傳》按荀勗所考定古
尺測量，長二尺四寸。參見注 56。

123 引文見杜預《春秋左氏傳序》"大事書之於策，小事簡
牘而已"孔穎達疏。《十三經注疏》，頁 1704 中。

124 引文見《儀禮·聘禮》"百名以上書於策，不及百名書
於方"孔穎達疏引鄭注云："《尚書》三十字一簡之文。"

125 引文見《漢書·藝文志》："劉向以中古文（《尚書》）
校歐陽、大小夏侯三家經文，《酒誥》脱簡一，《召誥》
脱簡二。率簡二十五字者，脱亦二十五字。簡二十二字
者，脱亦二十二字。"

中古文："中"，指秘閣，是漢代皇家藏書機構。
"古文"，是用戰國東方國家文字抄寫的書，這裏指《古
文尚書》，即漢武帝時在孔子故宅牆壁中發現的用戰國
東方國家文字書寫的《尚書》，孔子的後代孔安國曾爲
其作傳，並將其獻給秘府。歐陽、大小夏侯三家經文：
"歐陽"指歐陽高，"大夏侯"指夏侯勝，"小夏侯"指
夏侯勝之子夏侯建。《尚書》這三家的經文都以伏生本

爲基礎，伏生本是用漢初當時所通行的隸書寫成的文本，因此這三家經文都被稱爲《今文尚書》。

《酒誥》《召誥》：都是《尚書》的篇名。《酒誥》是周公命令康叔在衛國宣布禁酒的誥詞。《召誥》是史官紀録營建洛邑的過程以及召公對成王的誥詞。《藝文志》所説《酒誥》《召誥》脱簡的情形，現在已無法考證。

126 "今《康誥》篇首一節"至"則一簡二十四字"，此句遺書本脱，據手稿本、雲窗本補出。《康誥》篇首作："惟三月哉生魄，周公初基，作新大邑于東國洛。四方民大和會，侯甸男邦，采衛百工，播民和，見士于周。周公咸勤，乃洪大誥治。"自宋代以來很多學者都認爲，這是《洛誥》篇首的脱簡。另一種意見則認爲，這是《召誥》篇首的脱簡，如近人陳夢家就持這種意見（《尚書通論》，頁165~166，中華書局，1985年）。

127 《儀禮·聘禮》："百名以上書於策，不及百名書於方"孔穎達疏，原文作："左氏云：古文篆書，一簡八分字。"《十三經注疏》，頁1072上。"八分字"，王引文作"八字"。

128 《玉藻》：《禮記》篇名，雜記各種禮儀，包括天子和諸侯衣服、飲食、居處之禮，以及冠、帶、笏、韠制度。又記有后、夫人、命婦之服制及禮節、禮容、稱謂之法。該篇錯簡的情況較多，鄭注和孔疏皆已指出，也可參看孫希旦《禮記集解》（頁812~817，中華書局，1981年）。

　　錯簡三十五字的一處："三寸，長齊于帶。紳長制，士三尺，有司二尺有五寸。子游曰：參分帶下，紳居二焉。紳、韠、結三齊。"《十三經注疏》，頁 1481 中。

　　錯簡三十一字的一處："大夫大帶四寸。雜帶，君朱綠，大夫玄華，士緇辟二寸，再繚四寸。凡帶有率，無箴功。"《十三經注疏》，頁 1481 上。

　　錯簡二十九字的兩處分別爲："而素帶，終辟，大夫素帶，辟垂，士練帶，率，下辟，居士錦帶，弟子縞帶。并紐約用組。"（實際上有三十字）《十三經注疏》，頁 1480 下。"君命屈狄，再命褘衣，一命禮衣，士褖衣。唯世婦命於奠繭，其他則皆從男子。"《十三經注疏》，頁 1481 下。

　　錯簡二十六字的一處："一命緼韍幽衡，再命赤韍幽衡，三命赤韍蔥衡。天子素帶，朱裏，終辟。"《十三經注疏》，頁 1481 上。

　　錯簡八字的一處："王后褘衣，夫人揄狄。"《十三經注疏》，頁 1481 中。

129　《樂記》：《禮記》篇名。記述儒家關於音樂的理論。

　　該篇錯簡情況也可以參看鄭注和孔疏。

　　錯簡四十九字的一處："寬而静、柔而正者，宜歌《頌》。廣大而静、疏達而信者，宜歌《大雅》。恭儉而好禮者，宜歌《小雅》。正直而静、廉而謙者，宜歌《風》。肆直而慈愛。"《十三經注疏》，頁 1545 中。

　　錯簡五十一字的一處："愛者，宜歌《商》。温良而能斷者，宜歌《齊》。夫歌者，直己而陳德也，動己而天地應焉，四時和焉，星辰理焉，萬物育焉。故《商》者，五帝之遺聲也。"《十三經注疏》，頁 1545 中。與上面四十九字的一處前後位置相錯。

130 《雜記》：《禮記》篇名。雜記諸侯以下至士各階層的喪禮，並記述祭祀、婚娶、避諱、出妻與女子加笄等禮儀。

　　二十一字與十九字相錯的："復，諸侯以褒衣、冕服、爵弁服。夫人稅衣揄狄，狄稅素沙。"（二十一字）"內子以鞠衣、褒衣、素沙。下大夫以禮衣。其餘如士。"（十九字）前後位置相錯。《十三經注疏》，頁 1551 下、中。

　　二十九字與十八字相錯的："三年之喪，雖功衰，不弔，自諸侯達諸士。如有服而將往哭之，則服其服而往。"（二十九字）"期之喪，十一月而練，十三月而祥，十五月而禪。"（十八字）前後位置相錯。《十三經注疏》，頁 1563 上。

131 引文見《禮記·玉藻》，《十三經注疏》，頁 1481 中。"王后褘衣，夫人揄狄"意思是説：祭祀時，王后穿褘衣，夫人穿揄狄。褘衣、揄狄，都是繪有野雞彩色的衣服，但質地不同。

132 引文見《禮記·玉藻》，原文作："而素帶，終辟，大夫素帶，辟垂，士練帶，率，下辟，居士錦帶，弟子縞帶。并紐約用組……大夫大帶四寸。雜帶，君朱綠，大夫玄華，士緇辟二寸，再繚四寸。凡帶有率，無箴功。一命縕韍幽衡，再命赤韍幽衡，三命赤韍葱衡。天子素帶，朱裏，終辟。"參見注128。其中"一命縕韍幽衡，再命

赤韍幽衡，三命赤韍蔥衡。天子素帶，朱裏，終辟"一
句，自鄭玄起就認爲應該移到"而素帶，終辟"之上，
他認爲"天子素帶，朱裏，終辟"下當補"諸侯□□"
四字，王國維的意思也是如此。不過這裏他將"而素
帶，終辟"誤引作"而朱裏，終辟"。所以原句應作：
"一命縕韍幽衡，再命赤韍幽衡，三命赤韍蔥衡。天
子素帶，朱裏，終辟。諸侯□□而素帶，終辟……"
"辟"，鄭玄讀爲"襌"，謂以繒采飾其側，即今天服裝
上所謂的"滾邊"。這句話的大意是：天子用白色的熟絹
做大帶，而用朱紅色的襯裏，整條大帶都滾邊。諸侯也
用白色的熟絹做大帶，整條大帶也都滾邊，但是不用朱
紅色襯裏。"當"，遺書本誤作"常"，今據手稿本、雲
窗本改。

133　這裏的標點是根據手稿本的句讀添加的。《獨斷》卷上
原文似應標點如下："三公以罪免，亦賜策，文體如上
策而隸書，以尺一木兩行。惟此爲異者也。"《漢魏叢
書》，頁180下。"文體"，王引文在"文"後斷句，並
脫"體"字。"以尺一木"，王文引作"尺一木"。"惟
此爲異者也"，王引文作"惟此爲異"。

　　兩行：一種書寫兩行字規格的木牘，也可以編聯成
冊，故此處説"編兩行"。王文認爲兩行是一塊狹窄的
木牘上書寫兩行字，考古發掘所獲漢簡中，"兩行"是
一專有名詞，特指一種書寫兩行字規格的木簡，書寫面
或作平面，或作屋脊形。出土漢代簡牘中屢見記載與實
物。(見第101~102頁插圖) 如《居延新簡》E. P. T59：

154A：“兩行百、札二百、繩十枚，建昭二年二月癸酉尉史□付第廿五。”《敦煌懸泉漢簡釋粹》2 號：“詔書必明白大書，以兩行著故恩澤詔書。無嘉德，書佐方宜以二尺兩行與嘉德長短等者以便宜從事，毋令刺史到，不謹辨致案，毋忽。”（胡平生、張德芳《敦煌懸泉漢簡釋粹》，頁 2，上海古籍出版社，2001 年）此簡爲紅柳（檉木）削制，長 23.3 釐米，長與他簡同；但寬 1.7 釐米，比一般的簡寬近一倍，正可容納兩行字。中間有兩道編繩處，留空。

134　引文見《通典》卷五十五《禮十五·吉十四·告禮》，原文作：“太常問：‘今封建諸王，爲告廟不？若告廟，册與告諸王同異？祝文同不？當以竹册白簡？隸書篆書也？’博士孫毓議：‘……今封建諸王，裂土樹藩，爲册告廟，篆書竹册，執以祝，訖，藏於廟。及封王之日，又以册告所封之王。册文不同。前以言告廟祝文，當竹册篆書，以爲告廟册，册之文即祝詞也。舊告封王、告改年號，故事，事訖皆當藏於廟，以皆爲册書。四時享祀祝文，事訖不藏，故但禮稱祝文尺一白簡，隸書而已。’”中華書局影印本，頁 315 下。中華書局點校本，頁 1539~1540。

　　這段話的大意是：博士孫毓回答太常提出的關於告廟禮儀的若干問題，他說，現在分封諸侯王，分給土地，建立屏障，頒發策書，到祖廟告祭，用篆文書寫在竹簡編制的册書上，拿着册書祭告，完畢後收藏在祖廟裏。過去在祖廟進行分封諸侯王、改年號等告祭時，都在祭祀結束後將册書收藏在廟中。四季享祭的祈禱文書，祭祀完畢，不予保存。因此，禮書上只是說，祈禱文書用一尺一寸長的簡編制的册書，用隸書書寫。

王國維讀爲"尺一木"，是有問題的，陳夢家《由實物所見漢代簡册制度》已指出："互校諸簡，可知'兩行'與'札'都是實物，兩行乃寫詔書的尺一，《獨斷》所謂'而隸書以尺一木兩行'，以其長度稱之爲'尺一'；以其可容兩行，稱之爲'兩行'；以其爲兩行木牘，稱之爲'木兩行'，即木牘……《獨斷》之文，舊多誤解，故王國維讀爲'尺一木'，是錯誤的。"（《漢簡綴述》，頁 298）

博士：《漢書・百官公卿表》："博士，秦官，掌通古今，秩比六百石，員多至數十人。"秦漢時諸子數術方技等皆立有博士。自漢武帝起，置有五經博士，教授經學。晉有國子博士，北魏有醫學博士，隋唐時有太學國子諸博士，及算學博士、律學博士、醫學博士等，皆爲教授官。

135 引文見《隋書・禮儀志》，原文作：後齊"諸王、三公、儀同、尚書令、五等開國、太妃、妃、公主恭拜册……書皆篆字"。中華本，頁 175。參見注 117。

136 引文見僞《古文尚書》孔安國《序》，原文作："至魯共王好治宫室，壞孔子舊宅，以廣其居，於壁中得先人所藏古文虞夏商周之書，及傳《論語》《孝經》，皆科斗文字。……悉以書還孔氏。科斗書廢已久，時人無能知者。以所聞伏生之書，考論文義，定其可知者，爲隸古定，更以竹簡寫之。"《十三經注疏》，頁 115 下。大意是：魯共王爲了建造宮室，擴大面積，在拆除孔子舊居時，在牆壁中發現了先人藏在裏面的虞夏商周之書（即《尚書》），以及《論語》《孝經》等書，都是用科斗文字（即戰國古文）書寫的。……後來就把這些書都還給了孔家。當時，科斗書早已廢棄不用，沒有人認識了。我（孔安國）就拿伏生所傳授的《尚書》進行比較，考證文義，將科斗文轉寫成隸書，抄寫在竹簡上。

　　《古文尚書》孔安國《序》是僞作，這一點，經過宋洪邁（1123—1202）、朱熹，清代顧炎武（1613—1682）、閻若璩（1636—1704）等學者的懷疑、考證而終成定論。參見下注。

137 孔安國作傳的真《古文尚書》西漢以後傳授不明，只知道東漢賈逵、馬融、鄭玄所注的《古文尚書》，傳自杜林。曹魏正始（140—149）年間刻"三體石經"，由於當時古文經已經成爲正統，因此《古文尚書》也被收入其中。可惜的是，這些石經從晉永嘉（307—312）之世開始，屢經崩壞廢燼，到唐貞觀（627—649）中存世的已經不到十分之一。晉元帝時，豫章內史梅賾向朝廷獻上一個孔安國傳《古文尚書》（包括《古文尚書》和孔安國傳）的本子，立刻被接受爲正統的《尚書》，而且被用作孔穎達《尚書正義》的底本，一直流傳至今。可是，從宋代學者吳棫、朱熹開始，就懷疑它是僞書，到了清代，閻若璩《古文尚書疏證》及惠棟《古文尚書考》論定今本《古文尚書》和孔安國傳都是僞作，並且

認爲作僞者就是梅賾。其後，丁晏作《尚書餘論》，認
爲作僞者應是魏晉時人王肅或王肅之徒。後世，學界認
爲作僞《古文尚書》者還有一些人。不過，今本《古文
尚書》的五十八篇文中，據考證包括《今文尚書》三十
三篇，而這三十三篇，實際上就析自漢初伏生所傳二十
八篇，這部分不是僞作。

138　引文見《史記·三王世家》，原文作："褚先生曰：'臣
幸得以文學爲侍郎，好覽觀太史公之列傳。傳中稱《三
王世家》文辭可觀，求其世家終不能得。竊從長老好故
事者取其封策書，編列其事而傳之，令後世得觀賢主之
指意。……謹論次其真草詔書，編于左方，令覽者自通
其意而解說之。'"中華本，頁 2114~2115。"傳中"，
王文引作"列傳中"。這段話的大意是，褚先生說，我
有幸因爲文學的專長而成爲侍郎，喜歡閱讀太史公所寫
的列傳，傳中說《三王世家》的文辭很可觀賞，但是終
於無法獲得全文。只得私下從長輩喜好故事的人那裏找
來三王受封的策書文字，編排他們的事跡寫成傳記，使
後代的人知道賢明之主的意旨。……現謹錄原作真草文
字的詔書，記於左方（古人豎行直寫，故自右至左），
閱讀者自己就會明白其中的含義。

139　引文見顧炎武《日知錄》卷二十一《草書》，原文作：
"褚先生補《史記·三王世家》曰：'至其次序分絕，文
字之上下，簡之參差長短，皆有意，人莫之能知。謹論
次其真草詔書，編于左方。'是則褚先生親見簡策之文，
而孝武時詔即已用草書也。"《日知錄集釋》卷二一，上

海古籍出版社影印，頁 1619，1985 年。另花山文藝出版

社校點本，頁 952。

140　引文見《東觀餘論》卷上《漢簡辨》，原文作："近歲關

右人發地，得古瓮。中有東漢時竹簡甚多，往往散亂不

可考，獨《永初二年討羌符》文字尚完，皆章草書，書

蹟古雅可喜。其詞云：'永初二年六月丁未朔二十日丙

寅……'"中華書局 1985 年輯印商務印書館《叢書集

成初編》第 1594 冊，頁 26。又，《東觀餘論》卷上《記

與劉無言論書》，原文作："劉憲御史熹無言來，予與論

書，劉因言：'政和初，人於陝西發地，得木竹簡一瓮，

皆漢世討羌戎馳檄文書，若今吏案行遣，皆章草書。然

斷續不綴屬，惟鄧隲永初二年六月一篇成文爾。今宗室仲

忽及梁師成家，尚多得之，石本乃就簡上摹得者。'予因

言……"《叢書集成初編》第 1594 冊，頁 22。"陝西"，

王文引作"陝右"；"木竹簡"王文引作"竹木簡"。

　　《東觀餘論》二卷，北宋黃伯思撰，是對碑帖和古

器物的考辨題跋的輯錄。黃伯思（1079—1118），字長

睿，別字霄賓，自號雲林子，福建邵武人。元符三年

（1100 年）進士。政和中，官至秘書郎。工詩書畫，精

於考辨碑帖、古器。《記與劉無言論書》，記載了黃伯思

與劉無言關於碑帖、書體以及書法家書跡等等的討論。

其中，劉無言指出，政和初年發現的漢簡《永初二年討

羌符》可以用來糾正《後漢書》中的錯誤。在《漢簡

辨》中，黃伯思進一步詳細考證《討羌符》對《後漢

書·孝安帝紀》史實錯誤的糾正。劉無言，北宋詩人，

喜好碑帖，是黄伯思之友。

141　引文見《雲麓漫鈔》卷七，原文作："宣和中，陝右人發地，得木簡于瓮，字皆章草，朽敗不可詮次。得此檄云：'永初二年六月丁未朔，廿日丙寅，得車騎將軍莫府文書，上郡屬國都尉⋯⋯'内侍梁師成得之，以入石。未幾，梁卒，石簡俱亡，故見者殊鮮。吴思道親睹梁簡。"中華書局《唐宋史料筆記叢刊》本，1996年，頁125。王國維認爲，《東觀餘論》中關於《永初二年討羌符》的説法不如《雲麓漫鈔》可信，因此《東觀餘論》説《討羌符》是"章草書"也不可信。但是，從上述引文中我們可以看到，《雲麓漫鈔》也説"字皆章草"。所以，王國維據此而否認漢代以章草寫簡是不對的。

　　《雲麓漫鈔》，南宋趙彦衛撰，是一部内容豐富的筆記體著作，包括典章制度、地理沿革、人物事跡、風土人情等材料，是宋代衆多筆記中的上乘之作。趙彦衛，字景安，南宋高宗紹興（1131—1162）間任烏程（今浙江吴興南）宰，後爲新安（今浙江淳安西）太守。

142　王文在此認定寫簡專用篆、隸，不用章草，下文中又説"漢牘固亦通用章草"，強分寫簡、寫牘用不同書體，這是不對的。這篇文章撰寫較早，王國維還没有見到出土的簡牘實物有章草書體。據20世紀初期出土的敦煌漢簡、居延漢簡和七十年代以後新出土的居延新簡、尹灣漢簡等實物資料，漢代使用章草寫簡的情形十分普遍。（見第104~105頁插圖）參見注232。

143　引文見《周禮·冬官·考工記》，原文作："築氏爲削，長尺博寸，合六而成規。"鄭注："今之書刃。"賈疏："鄭云'今之書刃'者，漢時蔡倫造紙，蒙恬造筆。古者未有紙筆，則以削刻字。至漢雖有紙筆，仍有書刃。是古之遺法也。"《十三經注疏》，頁 915 上。"書刃"，一作"書刀"。削，是一種拱背的書刀，用於刮削寫字用的竹木簡牘。這句話的意思是，古時候還沒有紙張、毛筆，用書刀來刻字。到了漢代，已經有了紙筆，還繼續使用書刀。這是古法的孑遺。按，書刀的作用，主要並不是用於刻字寫字，而是削去毛筆寫錯的字。考察戰國、秦、漢墓葬與遺址中考古發現的書刀，皆無類似現今刻刀的形制，似乎都無法用於在竹木上刻字。儘管如此，現在還無法據此而否定有刻字書刀及刻字簡牘的存在。參見注 152。

144 引文見《大戴禮記・武王踐阼》，原文作："然後召師尚父而問焉，曰：'黃帝、顓頊之道存乎意，亦忽不得見與？'師尚父曰：'在丹書。'"王聘珍《大戴禮記解詁》，頁 103，中華書局，1983 年。《踐阼篇》：即《武王踐阼篇》，記述周武王即位後的政治理念和行爲規範。

145 引文見《周禮・秋官・司約》，原文作："凡大約劑，書於宗彝；小約劑，書於丹圖。"《十三經注疏》，頁 881 上。這句話的大意是：凡是諸侯國之間的契約要刻鑄在宗廟的禮器上，普通百姓之間的契約要用硃砂寫在竹帛上。

146 引文見《左傳・襄公二十三年》，原文作："斐豹，隸也，著於丹書。"杜預注："蓋犯罪没爲官奴，以丹書其罪。"《十三經注疏》，頁 1976 中。大意是：斐豹，是因犯罪而被判刑的官奴，（他的罪過）已用紅字寫在竹簡上。

147　引文見《周禮·秋官·司約》，原文作：“小約劑，書於丹圖”，鄭注：“丹圖未聞。”《十三經注疏》，頁 881 上。“丹圖”，遺書本引作“丹書”，今據手稿本、雲窗本及《司約》鄭注原文改。

148　引文見《越絶書卷十三·越絶外傳枕中第十六》，原文作：“越王曰：‘善。’以丹書帛，置之枕中，以爲邦寶。”大意是，越王説好，就用紅色筆寫在帛上，藏在枕中，當作國寶。樂祖謀點校《越絶書》，上海古籍出版社，1985 年，頁 96。丹，即硃砂，是一種紅色礦物，古人用作書寫顏料。古代道家鍊藥多用硃砂，故稱道家所鍊藥爲丹。

　　《越絶書》，作者不詳。《四庫提要》以爲東漢袁康撰，吳平所定，記春秋時越國的史事。在我國所有記載“於越”歷史的文獻中，它是内容最爲豐富的權威著作。近年來，該書在語言學研究方面的價值更加突顯，書中不僅有大量吳、越兩國的人名和地名的詞彙，也有於越部族的普通詞彙，這對“於越”語言的研究有很重要的意義。

149　引文見《管子·霸形》，原文作：“於是令百官有司，削方墨筆，明日皆朝於太廟之門，朝定令於百吏。”房玄齡（579—648）注：“方爲版牘也。”顏昌嶢《管子校釋》，嶽麓書社，1996 年，頁 210。大意是，命令百官和相關官員削好木版，準備好墨筆，第二天到太廟之門朝見，頒令於百吏。

150　引文見《韓詩外傳》卷七，原文作：“周舍對曰：‘願爲
　　　諤諤之臣，筆墨操牘，從君之後，司君之過而書之。日
　　　有記也，月有成也，歲有效也。’”許維遹《韓詩外傳
　　　集釋》，頁247~248。王引文“願”前衍“臣”字。參
　　　見注27。

151　荀勖《穆天子傳序》説，《穆天子傳》“以墨書”。晉郭
　　　璞注《穆天子傳》，頁2。參見注56。

152　關於刀刻簡牘文字的問題，似乎很難劃定最後的時限。
　　　1993年，韓國咸安城山城出土新羅王朝約6世紀中期的
　　　木簡27枚，25枚有字，皆爲漢文書寫（應當以新羅語
　　　讀音），其中一枚正背兩面文字皆用刀刻寫而成。韓國
　　　國立昌原文化財研究所《學術調查報告第五輯：咸安城
　　　山山城發掘調查報告》，1998年。

153　引文見《後漢書·杜林傳》，原文作：“林前於西州得漆
　　　書《古文尚書》一卷。”中華本，頁937。

154　引文見《後漢書·儒林傳》，原文作：“亦有私行金貨，
　　　定蘭臺柒書經字，以合其私文。”這裏是説，私下用金
　　　錢賄賂官員，改蘭臺所藏國家範本經書的墨字，讓它與
　　　自己的經書文字相吻合。中華本，頁2547。此事又見於
　　　《後漢書·宦者列傳·吕強傳》，其文云：“至有行賂定
　　　蘭臺漆書經字，以合其私文者。”中華本，頁2533。

155　卷：古代指書的卷軸。篇：竹簡。古代文字大多寫在竹簡
　　　上，將首尾完整的文字也稱爲“篇”，如《論語》二十
　　　篇，《詩》三百篇等。後來文字書寫在帛上，稱爲

"卷"。《漢書·藝文志》中,《易》類書都稱"篇",《詩》類書都稱"卷",其餘的書稱呼不統一,或者稱"篇"或者稱"卷"。後文有"以卷計者,不及以篇計者之半",表明直到漢代,竹簡的使用仍然多於帛書。參見注258。簡策用漆,出土實物中迄今沒有發現。但湖北隨州曾侯乙墓出土的漆木衣箱上有漆書文字(見《曾侯乙墓》彩版一三,圖版一二一、一二三、一二四等,文物出版社,1987年)。又,漢海昏侯劉賀墓出土孔子及門生畫像及介紹、言論,皆屬漆書。據此,似不能完全排除"簡策用漆"的可能性。

156 引文見《史記·孔子世家》,原文作:"孔子晚而喜《易》,序《彖》《繫》《象》《説卦》《文言》。讀《易》,韋編三絕。"中華本,頁1937。韋:熟牛皮。《説文·韋部》:"獸皮之韋,可以束物。"有注釋者遂解釋爲,孔子反復讀《易》,以至於編連簡册的皮製的編繩都多次斷掉。一些學者根據出土簡册没有發現皮製編繩的事實推斷,"韋編"應當讀爲"緯編",指竹簡上的橫着編連的編繩。

157 荀勗《穆天子傳序》記,《穆天子傳》"皆竹簡,素絲編"。晉郭璞注《穆天子傳》,頁2。見注56。

158 《南齊書·文惠太子傳》記,襄陽盜掘楚王塚中有科斗書《考工記》"竹簡書,青絲編"。《南齊書》,頁398。參見注75。

159 引文見《太平御覽》卷六〇六《文部二二》,原文作:"劉向《别傳》曰:'《孫子》書以殺青,簡編以縹絲

繩。'"中華書局影印本，頁 2725，1960 年。大意是，
《孫子》書用烘乾的竹子、編上淡青色的絲繩製成的。
殺青：爲防止蟲蛀，將做簡的竹子在火上烘乾的一道工
序。縹：淡青色。

160　鐗，音 kuǎn。

161　引文見《匡謬正俗·鐗》，原文作："問曰：今官曹文案
於紙縫上署記謂之'款縫'者，何也？答曰：此語言元
出魏晉律令，《字林》本作'鐗，刻也'。古未有紙之
時，所有簿領皆用簡牘，其編連之處，恐有改動，故於
縫上刻記之，承前已來，呼爲鐗縫。今於紙縫上署名，
猶取舊語，呼爲鐗縫耳。"劉曉東《匡謬正俗平議》，頁
205，山東大學出版社，1999 年。按：根據考古發掘的簡
牘實物，簡牘"編連之處"的"刻記"（今稱爲"契
口"），是用於固定簡支的，不具有後世"鐗縫"的作
用。只有契約類或憑證類的簡，才會將兩三枚簡平鋪或
重疊，加畫"合同"符號或"於縫上刻記之"，有的還
在刻縫中寫字，性質與後世的"鐗縫"相同。參見胡平
生《木簡券書破別形式述略》（《簡牘學研究》第二輯，
頁 4250，甘肅人民出版社，1997 年）。"此語言元"，遺
書本作"此語言"，今據手稿本、雲窗本補正。

　　《匡謬正俗》：顏師古考辨文字、音韻、訓詁之學的
論著。未完成而身死，其子編爲八卷。書中引用諸書及
前人意見，今多失傳。

162　引文見《説文·刀部》，原文作："券，契也，從刀，𠀎
聲。券別之書，以刀判契其旁，故曰契券。"中華本，

頁 92 下。大意是，合券類一式數份的文書，用刀在簡的側面加以契刻，因此叫做"契券"。

163 引文見《周禮·地官·質人》"掌稽市之書契"鄭玄注，原文作："書契，取予市物之券也，其券之象，書兩札，刻其側。"《十三經注疏》，頁 737 中。大意是，書契，是交付、領受或買賣物品的憑證，券書的樣子，（相同內容）寫一式兩份，在旁邊刻上記號。根據出土秦漢簡資料，許慎、鄭玄所説都是正確的，王文對他們的批評是不對的。

164 引文見《説文·木部》，原文作："槧，牘樸也，从木，斬聲。"中華本，頁 124 上。《木部》在"卷六"，王文引作"卷七"。槧，音 qiàn，未經書寫的素版。

165 此段引文，已見注 31，請參看。

166 引文見《西京雜記》卷三《揚子雲載〈輶軒〉作〈方言〉》，原文作："揚子雲好事，常懷鉛提槧，從諸計吏，訪殊方絶域四方之語，以爲裨補《輶軒》所載，亦洪意也。"向新陽、劉克任《西京雜記校注》，頁 118～119，上海古籍出版社，1991 年。大意是：揚雄喜歡攬事，常常懷裏揣着鉛粉筆和槧，跟隨着外地來京的上計吏去四處遼遠之地尋訪各地方言。楊，通作"揚"。

　　《西京雜記》，一般認爲是漢劉歆撰、晉葛洪集的一部筆記小説。内容豐富，有宫廷趣聞、禮節習俗、名物典章、高文奇技，等等。這些記載保存了西漢許多資料，可以補史書的遺漏。它的文字平實質樸，敍述生動具體，魯迅先生曾評價此書："若論文學，則此在古小説中固亦意緒秀異，文筆可觀。"（《中國小説史略》）揚子雲：
即揚雄（前 53—18），西漢蜀郡成都（今屬成都）人，
是西漢著名文學家、哲學家和語言學家。著有《方言》
十五卷，全名《輶軒使者絶代語釋别國方言》，漢末以
來被簡稱爲《方言》。

167　引文見《釋名·釋書契》。王先謙《釋名疏證補》，
　　　頁 297。

168　引文見《急就篇》卷三 "簡札檢署槧牘家" 顔師古注，
　　　原文作："槧，板之長三尺者也，亦可以書。謂之槧者，
　　　言其修長漸漸然也。" 嶽麓書社本，頁 176~177，1989 年。

　　　　《急就篇》，又稱《急就章》，西漢元帝時黄門令史
　　　游作，爲蒙童識字課本。今本三十四章，二千一百四十
　　　四字（末一百二十八字爲漢以後人所加），按姓名、衣
　　　服、飲食、器用等分類，而成三言、四言、七言韻語。
　　　首句有 "急就" 二字，以此作爲篇名。唐以前有許多學
　　　者爲其作注，但都没有流傳下來。祇有顔師古注本留存
　　　至今，考據精深。

169　引文見《説文·木部》，原文作："檄，二尺書。" 中華
　　　本，頁 124 上。又，段玉裁《説文解字注》本作："檄，
　　　尺二書。" 段玉裁云："各本作二尺書。小徐《繫傳》已
　　　佚，見《韵會》者作 '尺二書'，蓋古本也。李賢注
　　　《光武紀》曰：'《説文》以木簡爲書，長尺二寸，謂之
　　　檄，以徵召也。' 與前書《高紀》注同。" 上海古籍出版
　　　社《説文解字注》，頁 265 下，1981 年影印本。

　　　　段玉裁（1735—1815），清代學者，字若膺，號茂

堂，江蘇金壇人。他精於音韻訓詁之學，撰有《説文解字注》，是清代《説文》學四大家之一，參見注30。《韻會》，即《古今韻會舉要》，元熊忠著，三十卷，分一百零七韻，有注釋，共12652字。

《説文解字繫傳》，南唐徐鍇撰，四十卷。有三種版本流傳，其中以清道光年間祁雋藻刻本爲最好。中華書局1987年影印。

170　引文見宋本《説文解字繫傳·通釋第十一》，原文作："檄，二尺書。"《説文解字繫傳》，頁117，中華書局1987年影印祁雋藻刻本。祁本據清顧千里所藏影宋鈔本和汪士鐘所藏宋槧殘本校勘而成。

171　一見《史記·張儀列傳》："張儀既相秦，爲文檄。"《索隱》："按：徐廣云一作'丈二檄'。王劭按《春秋後語》云'丈二尺檄'。許慎云'檄，二尺書'。"中華本，頁2281。一見《史記·淮陰侯列傳》："三秦可傳檄而定也。"《索隱》："案，《説文》云'檄，二尺書也'。此云'傳檄'，謂爲檄書以責所伐者。"中華本，頁2612~2613。

172　引文見《藝文類聚》卷五十八《雜文部四·檄》，原文作："《説文》曰：'檄，二尺書也，从木敫聲。'"上海古籍出版社，頁1043，1965年。"卷五十八"，遺書本引作"卷二十八"，今據手稿本及《藝文類聚》原文改。

《藝文類聚》，唐歐陽詢（557—641）等奉敕編撰的類書，一百卷，所引古籍約1431種，十分之九已亡佚，賴此書得以保存部分資料。

173　引文見《太平御覽》卷五百九十七《文部十三·檄》，原文作："《説文》曰：'檄，二尺書也。'"中華本，頁 2688。

174　引文見玄應《一切經音義》卷十《大乘論》中《十住毗婆沙論》第十卷"符檄"條下："下（即指'檄'字）奚的反，《説文》'二尺書'也。檄書者，所以罪責當伐者也，又陳彼之惡，説此之德，曉慰百姓之書也。"中華書局 1985 年輯印商務印書館《叢書集成初編》本《一切經音義》爲第 739 册至 744 册，這段引文見 741 册，頁 462。

　　　元應：即唐代僧人玄應，因避康熙皇帝玄燁名諱，改"玄"字爲"元"字。《一切經音義》，解釋佛經音義，詳注反切，其中所引古籍許多已經失傳。

175　引文見《漢書·申屠嘉傳》"嘉爲檄召通詣丞相府"注，原文作："師古曰：'檄，木書也，長二尺。'"中華本，頁 2101。

　　　《急就篇》卷四"輒覺没入檄報留"顔師古注："檄者，以木爲書，長二尺。"嶽麓書社本，頁 312。

176　引文見《漢書·平帝紀》，原文作："徵天下通知逸經、古記、天文、曆算、鍾律、小學、《史篇》、方術、《本草》及以《五經》《論語》《孝經》《爾雅》教授者，在所爲駕一封軺傳，遣詣京師。"顔師古注："如淳曰：'律，諸當乘傳及發駕置傳者，皆持尺五寸木傳信，封以御史大夫印章。'"中華本，頁 359。詳見注 339。如淳大意是，按照法律規定，應當乘坐驛站傳車以及驛站派馬派車的人，都要持有一尺五寸長的木傳信，由御史大夫的印章加蓋封印。

177　引文見《漢書·游俠傳》，原文作："（陳遵）性善書，與人尺牘，主皆藏去以爲榮。"顏師古注："去亦藏也。"中華本，頁 3711。"去"，王引文作"弆"。"弆"，音 jǔ，收藏、保藏。這句話大意是，陳遵的書法很有名，寫給人的尺牘信，收信人都珍藏起來，當作很榮耀的事。

178　引文見《説文·片部》："牘，書版也。从片賣聲。"中華本，頁 143 下。

179　引文見《後漢書·北海靖王興傳》"帝驛馬令作草書尺牘十首"注，原文作："《説文》云：'牘，書版也。'蓋長一尺，因取名焉。"中華本，頁 557。

　　《後漢書·蔡邕傳》："本頗以經學相招，後諸爲尺牘及工書鳥篆者，皆加引召，遂至數十人。"注，原文作："《説文》曰：'牘，書板也。'長一尺。"中華本，頁 1991～1992。

180　引文見《史記·匈奴列傳》，原文作："漢遺單于書，牘以尺一寸，辭曰'皇帝敬問匈奴大單于無恙'，所遺物及言語云云。中行説令單于遺漢書以尺二寸牘，及印封皆令廣大長，倨傲其辭曰'天地所生日月所置匈奴大單于敬問漢皇帝無恙'，所以遺物言語亦云云。"中華本，頁 2899。

181　引文見《漢舊儀》，原文作："以天子信璽，皆以武都紫泥封，青布囊，白素裏，兩端無縫，尺一板，中約署。"周天游點校本《漢官六種》，頁 31、62，中華書局，

1990 年。

《漢舊儀》，又名《漢官舊儀》，衛宏撰。衛宏，字敬仲，東漢東海（治今山東郯城西南）人，漢光武帝時任議郎（掌顧問應對）。《漢舊儀》所記都是西漢制度，如官制及各種禮儀制度，祭祀、籍田、宗廟等等。它與東漢時人編撰的其他五種關於漢代官制禮儀的著作被合稱爲"漢官六種"。"漢官六種"原書都已亡佚，後人有輯佚，參見清代學者孫星衍等輯的《漢官六種》一書。

《續漢志》注引文見《後漢書·輿服志下》"乘輿黃赤綬"句下注："《漢舊儀》曰：'璽皆白玉螭虎紐……璽皆以武都紫泥封，青囊白素裏，兩端無縫，尺一板，中約署。'"中華本，頁 3673。

《大唐六典》引文見《唐六典》卷八《門下省·符寶郎》"八曰天子信寶，發蕃國兵則用之"下注："《漢舊儀》曰：'天子有六璽，皆白玉螭獸紐……皆以武都紫泥封，青布囊白素裏，兩端縫，尺一版，中約署。'"中華書局標點本《唐六典》，頁 252，1992 年。

《大唐六典》，即《唐六典》，舊題御撰，唐李林甫等注，三十卷。據貞觀六年（632 年）所定官令，列三公、三省、九寺、五監、十二衛等官職之職掌、品秩，是研究唐代職官制度的重要材料。

《通典》引文見《通典》卷六十三《禮二十三·嘉八·天子諸侯玉佩劍綬璽印》本注，原文作："《漢官儀》曰：'璽皆白玉螭虎鈕……璽皆以武都紫泥封，青囊白素裏，兩端無縫，尺一板，中約署。'"中華影印本，頁 355 中。中華點校本，頁 1753~1754。

182 《漢儀》，三國吳丁孚撰，《漢官六種》之一。原書已經
　　不存，有後人輯佚本。參看注 181《漢官六種》。

　　　《太平御覽》卷五九三《文部九‧詔》所引實爲
　　《舊儀》，原文作：“蔡質《漢儀》曰‘……周景以尺一
　　詔召司隸校尉左雄詣臺，與三日期擒賊。’”中華書局
　　本，頁 2671。

　　　《舊儀》，蔡質撰，《漢官六種》之一，原書已不存，
　　後人有輯佚。參看注 181《漢官六種》。

183 參見注 133、注 134。

184 引文見《後漢書‧楊賜傳》楊賜奏書，原文作：“惟陛
　　下慎經典之誡，圖變復之道……斷絕尺一，抑止槃游，
　　留思庶政，無敢怠遑。”中華本，頁 1780。這是楊賜勸
　　諫漢靈帝頒詔任命不要過濫。

185 引文見《後漢書‧李雲傳》李雲奏書，原文作：“今官
　　位錯亂，小人諂進，財貨公行，政化日損，尺一拜用，
　　不經御省。”中華本，頁 1852。這是李雲批評宦官專權
　　選舉，詔書任命，都不經過皇帝批准的話。

186 引文見《後漢書‧儒林傳‧楊政》，記楊政爲范升伸冤，
　　原文作：“抱升子潛伏道旁，候車駕，而持章叩頭大
　　言……有感帝心，詔曰：‘乞楊生師。’即尺一出升。”
　　中華本，頁 2552。

187 引文見《後漢書‧五行志》，原文作：“而靈帝曾不克己
　　復禮，虐侈滋甚，尺一雨布，驥騎電激，官非其人，政
　　以賄成。”中華本，頁 3297。大意是，靈帝頒發詔書非

常頻繁，一尺一寸長的詔書像下雨那麼多。

188　引文見《三國志・魏書・諸夏侯曹傳・夏侯玄》，原文作："初，中領軍高陽許允與（李）豐、玄親善。先是有詐，作尺一詔書，以玄爲大將軍，允爲太尉，共錄尚書事。"中華本，頁302~303，1959年。

189　參見注180。

190　寖：音jìn，逐漸。侈：寬大。寖以加侈：逐漸加長加大。

191　引文見《通典》卷五十八《禮十八・嘉三・天子納妃后》"其告廟六禮版文等，皆彪之所定"本注，原文作："博士荀納云：'凡六禮版，長尺二寸，以應十二月；博四寸，以象四時；厚八分，以象八節。皆真書。后家答則以鮫脚書之。'"中華影印本，頁334上。中華點校本，頁1638。"以應十二月"，王文引作"以象十二月"。真書：即正楷。

192　引文見《隋書・禮儀志四》，原文作："後齊正日，侍中宣詔慰勞州郡國使。詔牘長一尺三寸，廣一尺，雌黃塗飾，上寫詔書三。"中華本，頁183。大意是，後齊年初一侍中宣讀詔書慰勞州郡和侯國使者的禮儀，使用的詔牘長一尺三寸，寬一尺，用雌黃顏料塗色裝飾，上面寫三通詔書。雌黃：一種橙黃色、晶體狀的礦物顏料，古代亦用於塗改書寫時寫錯的文字。"正日"，王文引作"正旦"。

193　引文見《隋書・禮儀志四》原文作："（後齊）又班五條詔書於諸州郡國使人，寫以詔牘一枚，長二尺五寸，廣一尺三寸，亦以雌黃塗飾，上寫詔書。正會日，依儀宣

示使人，歸以告刺史二千石。"中華本，頁 183。大意
是，後齊向州郡侯國頒布五條詔書，派人寫在一塊詔牘
上，木版長二尺五寸，寬一尺三寸，也用雌黃顏料塗色
裝飾，在上面抄寫詔書。正月初一皇帝朝會群臣時按照
禮儀宣讀，派人帶回州郡報告州郡刺史二千石官員。
"寫以詔牘一枚"，王文引作"寫以詔牘一版"。"正會
日"，王文引作"正會"，脫"日"字。正會：正月初一
皇帝朝會群臣。刺史：州郡主管官吏。秦、漢初爲督察
官，漢末成爲主持州郡軍政事務的長官。二千石：官員
俸禄等級。分爲中二千石（月領百八十斛）、二千石
（月領百二十斛）、比二千石（月領百斛）三等。因漢代
九卿郎將至郡守尉俸禄皆二千石，後遂稱郎將、郡守、
刺史等爲二千石。

194 引文見《漢書・文帝紀》，原文作："三月，除關無用
    傳。"中華本，頁 123。大意是，廢除通過關卡要傳信的
    法令。

195 "傳信"前手稿本有"漢"字，雲窗本、遺書本無。

196 引文見《周禮・地官・司關》"凡所達貨賄者，則以節
    傳出之"鄭注，原文作："傳，如今移過所文書。"《十
    三經注疏》，頁 739 中。"如今移過所文書"，王文引作
    "若今過所文書"。

197 引文見《古今注》卷下《問答釋義第八》："程雅問曰：
    '凡傳者何也？'答曰：'凡傳皆以木爲之，長尺五寸，
    書符信於上。又以一版封之，階封以御史印章，所以爲
    信也，如今之過所也。'"《四部叢刊》三編。大意是，

凡是傳都用木製作，長五寸，在上面書寫記號和文字，又用一塊木板封蓋在上面，都用御史的印章密封。

198　句首"簡之長短"前，手稿本有"然則"二字，雲窗本、遺書本無。"意"，手稿本作"則"，雲窗本、遺書本作"意"。意：推測。簡者秦制，牘者漢制：王國維推測，簡的長短是二十四的分數，這是秦制；牘的長度都是五的倍數，這是漢制。根據考古發掘出土簡牘實物，這種推測是不能成立的。2002 年在湘西里耶一號井出土的秦簡，總數達 3 萬片，反而多爲木牘，較少簡。湖南省文物考古研究所等《湖南龍山里耶戰國一秦代古城一號井發掘簡報》指出："秦簡都是木質，形式多樣，最多見的長度爲 23 釐米。寬度不一，有 1.4、1.5、1.9、2.2、2.5、2.8、3.2、3.4、3.6、4.2、4.8、5 釐米等。其寬窄是根據內容的多少決定的，一般一簡一事，構成一完整文書。兩道編繩或無編繩，編繩係書寫後再編聯。"（《文物》2003 年 1 期，參見第 112 頁插圖）而 20 世紀中發掘出土的漢代竹簡、木簡數以萬計。並不像王國維所説"牘者漢制"。

199　引文見《史記·秦始皇本紀》，原文作："數以六爲紀，符、法冠皆六寸，而輿六尺，六尺爲步，乘六馬。"中華本，頁 237~238。大意是，計數以六爲單元，符的長度、法冠的高度規定都是六寸。

200　"之"，遺書本作"字"，據上下文例改。

201　秦統一之後，秦始皇巡行天下，在嶧山、泰山、琅邪臺、之罘、碣石、東觀、會稽等地刻石銘功，秦二世又在每

處刻石上加刻了一道詔書，説明這些刻石文字是始皇刻
的，事見《史記・秦始皇本紀》。中華本，頁 242~252、
261~262。

　　嶧山刻石：秦始皇二十八年（前 219 年）刻，石原
在今山東鄒縣嶧山，已佚失。北宋淳化四年（993 年）
鄭文寶摹石，現存西安碑林。拓片見《北京圖書館藏中
國歷代石刻拓本匯編》第一册，頁 8。

　　泰山刻石：秦始皇二十八年刻，石原在今山東泰安
泰山頂，已毀壞。宋代劉跂摹石，明末尚存二十九字，
今僅殘存十字，殘石現在泰安岱廟。二十九字摹本《中
國書法全集》第七卷秦漢刻石（一），頁 54~64。十字
摹本《北京圖書館藏中國歷代石刻拓本匯編》第一册，
頁 7。另外，宋人叢帖中也收有泰山刻石，如《絳帖》
本泰山刻石，有一百四十六字。明代安國藏泰山刻石
"宋搨本"，有一百六十五字。這兩者都是後人的摹刻，
從已知的秦國文字體系來看，《絳帖》本所摹篆字字形
比所謂"宋搨本"更爲可靠一些。

　　琅邪臺刻石：秦始皇二十八年刻，原在今山東膠南
縣琅琊山，已毀。殘石解放後曾歸山東博物館，1959 年
移置中國歷史博物館。拓片可參見《北京圖書館藏中國
歷代石刻拓本匯編》第一册，頁 9。

　　之罘刻石：秦始皇二十九年（前 218 年）刻，原在
今山東汶登縣之罘，久佚。宋《汝帖》摹秦二世詔殘
字。帖石在河南汝縣。

　　東觀刻石：秦始皇二十九年東巡，登之罘刻石兩塊，

一稱"之罘刻石"，一稱"東觀刻石"，内容亦大同小異。東觀：即東巡之意。

碣石刻石：秦始皇三十二年（前215年）刻，原在今河北昌黎，已佚失。清嘉慶二十一年（1792年）錢泳摹刻於江蘇鎮江焦山。

會稽刻石：秦始皇三十七年刻（前210年），原在浙江紹興，已佚失。清乾隆五十七年（1816年）李享特摹石，現存紹興文管會。

202　上虞羅氏：即羅振玉。羅振玉（1866—1940），浙江上虞永豐鄉人，字叔言，號雪堂，著名的古文字學家、古文物與古文獻收藏家與研究學者。他與王國維合作編集考釋的《流沙墜簡》，是最早的簡牘資料與研究著作。1911年辛亥革命後，羅振玉與王國維兩家一起徙居日本，對於王國維寫作《簡牘檢署考》，具有重要意義。

203　秦虎符：亦稱"陽陵兵符"，銘文爲："甲兵之符，右才（在）皇帝，左才（在）陽陵。"（參見第113頁插圖）虎符文字大意是，這是調動軍隊的符，右半在皇帝處，左半在陽陵。王國維《觀堂集林》卷十八《秦陽陵虎符跋》云："陽陵銅虎符，藏上虞羅氏，長漢建初尺四寸許，左右二符膠固爲一，金錯篆書，文各十二曰：'甲兵之符，右在皇帝，左在陽陵。'實秦虎符也。……是（漢）高帝時已有陽陵，其因秦故名，蓋無可疑。此一證也。此符字數左右各十二字，共二十四字。皆爲六之倍數。案，《史記·秦始皇本紀》稱數以六爲紀，故秦一代刻石有韻之文，皆用六之倍數，此符亦同。此二證

也。文字謹嚴寬博，骨勁肉豐，與泰山琅琊臺刻石大小
雖異，而體勢正同，非漢人所能仿佛。此三證也。若云
秦符，則其左右二符合併之故，亦可得而言焉。案，秦
漢虎符，右常在內，左常在外，不相合併。《秦始皇本
紀》及《高祖本紀》皆云，秦王子嬰奉天子璽符降軹道
旁。蓋子嬰於降漢之時，斂左符而并獻之。秦璽入漢，
既爲傳國之寶，此符雖不復用，亦必藏之故府，爲國重
器。合置既久，中生鏽澀，遂不可開，否則右符既不常
在外，左符亦無入京師之理，二符無自膠固矣。此四證
也。"（《王國維遺書》第三冊）可參看孫慰祖編《秦漢
金文匯編》，頁 2，上海書店，1997 年。

204　參見傅嘉儀編《秦漢瓦當》，頁 1493～1501，陝西旅游
　　　出版社，1999 年。瓦當：屋頂上兩仰瓦之間有覆瓦覆蓋，
　　　覆瓦最外端靠橡頭的一枚，有圓形或半圓形的檔頭，稱
　　　爲瓦當，常有裝飾圖案或文字。

205　荀勖《穆天子傳序》説，《穆天子傳》"其簡長二尺四
　　　寸"。參見注 56。

206　引文見《史記·封禪書》，原文作："夏，漢改曆，以正
　　　月爲歲首，而色上黄，官名更印章以五字，爲太初元
　　　年。"中華本，頁 1402。

207　參見注 10。

208　引文見《儀禮·既夕禮》，原文作："知死者贈，知生者
　　　賻，書賵於方，若九若七若五"，鄭注："方，板也。書
　　　賵奠賻贈之人名與其物於板，每板若九行若七行若五
　　　行。"《十三經注疏》，頁 1153 上。"每板若九行"，王引

文脱"每板"二字。參見注11。這句話的意思是説：和
死者有交往的人贈些給死者送行的器物，和喪家主人有
交往的就送些幫助辦理喪事的財物。把所贈送的財物清
單和贈送者姓名寫在木板上，每塊板或是九行，或是七
行，或是五行。鄭玄注中的"賵奠賻贈"，四者各不相
同："賵"是贈送喪家主人幫助辦喪事的物品；"奠"是
贈送祭品；"賻"是贈送喪家主人財物，以助辦理喪事；
"贈"是贈幣或器給死者送行。

209　引文見《釋名·釋書契》，畢沅《疏證》："段云，郀即
　　　《史記》《漢書》之所云'鰍生'。鰍者淺鰍，即狹小
　　　也。"《釋名疏證補》，頁296。

210　引文見《論衡·效力篇》，原文作："書五行之牘，書十
　　　奏之記，其才劣者，筆墨之力尤難。"《論衡校釋》，頁
　　　583。"書十奏之記"，王引文脱"書"字。大意是，寫
　　　五行的牘，寫十塊牘一篇的記，那些才能低劣的人，書
　　　寫的能力就難以擔當此任。

211　引文見《史記·滑稽列傳·東方朔傳》，原文作："朔初
　　　入長安，至公車上書，凡用三千奏牘。公車令兩人，共
　　　持舉其書，僅然能勝之。"中華本，頁3205。"初入長
　　　安"，王文未引；"凡用三千奏牘"，王文引作"用三千
　　　奏牘"。大意是，東方朔在長安，到公車官署上書，奏
　　　章長達三千塊木牘，公車令兩個人幫忙拿，纔勉強拿得
　　　了。公車：漢代官署名，衛尉屬官有公車令，掌宮門與
　　　宮中警衛。臣民徵召及上書，由公車接待。

212　引文見《三國志·魏書·張既傳》"張既字德容，馮翊

高陵人也。年十六，爲郡小吏"裴松之注，原文作："《魏略》云：'既世單家，爲人有容儀。少小工書疏，爲郡門下小吏，而家富。自惟門寒，念無以自達，乃常畜好刀筆及版奏，伺諸大吏有乏輒給與，以是見識焉。'"中華本，頁 471～474。"乃常畜"，王文引作"常蓄"。大意是：張既身上經常備着刀、筆及寫奏章的木版，等那些官吏們需要用時就拿給他們用，由此得以與官吏們認識。

213　引文見《釋名·釋書契》，原文作："書姓名於奏上曰書刺，作再拜起居，字皆達其體，使書盡邊，徐引筆書之如畫者也，下官刺曰長刺，長書中央一行而下也，又曰爵里刺，書其官爵及郡縣鄉里也。"畢沅認爲，前面兩"書"字應從《御覽》改爲"畫"。《釋名疏證補》，頁 304。王文即引作"畫"。《太平御覽》卷六〇六引《釋名》曰："畫姓字於奏上曰畫刺，作再拜起居，字皆達其體，使書盡邊，徐引筆書之如畫者也，下官刺長書中央一行而下也，又有爵里刺，書其官爵及郡縣鄉里也。"中華書局，頁 2727 下。

214　引文見《後漢書·祭祀志上》，原文作："有司奏當用方石再累置壇中，皆方五尺，厚一尺，用玉牒書藏方石。牒厚五寸，長尺三寸，廣五寸，有玉檢。又用石檢十枚，列於石傍，東西各三，南北各二，皆長三尺，廣一尺，厚七寸。檢中刻三處，深四寸，方五寸，有蓋。檢用金縷五周，以水銀和金以爲泥。玉璽一方寸二分，一枚方五寸。"中華本，頁 3164。

215　率：音 lǜ，標準，規格。

216　五行，是秦律規定的一牘最高容量，據嶽麓秦簡資料：
　　　“用牘者，一牘毋過五行。五行者，牘廣一寸九分寸八，
　　　四行者，牘廣一寸泰半寸，・三行者，牘廣一寸半
　　　寸。・卒令丙四。”（《嶽麓書院藏秦簡（伍）》，上海辭
　　　書出版社，頁 105~108，1698—1702，2017 年）

217　引文見《獨斷》上，原文作：“表者不需頭，上言臣某
　　　言，下言臣某誠惶誠恐，稽首頓首，死罪死罪，左方下
　　　附曰某官臣某甲上，文多用編兩行，文少以五行。”《漢
　　　魏叢書》本，頁 181 上。“用編兩行”，王文引作“以編
　　　兩行”。

218　引文見《後漢書・循吏傳》，原文作：“初，光武長於民
　　　間，頗達情偽，見稼穡艱難，百姓病害。至天下已定，
　　　務用安靜，解王莽之繁密，還漢世之輕法。身衣大練，
　　　色無重綵，耳不聽鄭衛之音，手不持珠玉之玩，宮房無
　　　私愛，左右無偏恩。……捐上林池籞之官，廢騁望弋獵
　　　之事。其以手迹賜方國者，皆一札十行，細書成文。勤
　　　約之風，行于上下。”中華本，頁 2457。“勤約”，王文
　　　引作“儉約”。情偽：即真偽。情：實情。《左傳・僖公
　　　二十八年》：“民之情偽，盡知之矣。”大意是：當初光武
　　　帝成長於民間，熟知社會情況，看到耕田勞作的艱辛，
　　　百姓生活的痛苦。到統一天下之後，特別注意人民的清
　　　靜安寧……他寫給地方諸侯王的書信，一塊木牘都密密
　　　麻麻地要寫十行字，上下都遵循節約儉省的風氣。

219　“初非常制如斯也”，手稿本無“初”字。

220　參見注 133。

221　斯坦因（Mark Aurel Stein, 1862—1943）：英國考古學家，原籍匈牙利。1900—1916 年間奉英國印度殖民政府之命，三次深入我國新疆、甘肅一帶進行考察；1930—1931 年又到新疆進行第四次考察。在四次考察中，斯坦因發掘收集了大量的珍貴文物。在敦煌，他從發現莫高窟藏經洞的道士王圓籙處盜買了珍藏千餘年的大量寫經、古寫本、佛教繪畫和版畫等，這些文物現主要藏於英國倫敦不列顛圖書館。

222　橘瑞超（1890—1968）：日本京都西本願寺僧人。1908年，西本願寺法主大谷光瑞組織第二次西域探險隊到我國新疆及中亞一帶訪古，橘瑞超年僅 18 歲，參加探險隊，先後在吐魯番高昌古城遺址、羅布泊樓蘭遺址等地大量發掘和收集文物，至 1913 年結束探險，其中以1909 年 2 月在樓蘭遺址發現的前涼西域長史、關內侯李柏文書最爲著名。

223　引文見《南齊書·祥瑞志》，原文作：“有司奏：延陵令戴景度稱所領季子廟，舊有涌井二所，廟祝列云舊井北忽聞金石聲，即掘，深三尺，得沸泉。其東忽有聲錚錚，又掘得泉，沸湧若浪。泉中得一銀木簡，長一尺，廣二寸，隱起文日‘盧山道人張陵再拜謁詣起居’。”中華本，頁 354。“銀”，王文引作“根”。

224　參見注 133。

225　參見注 134。

226　引文見《文選》卷四三孔稚珪《北山移文》“及其鳴騶

入谷，鶴書赴隴”李善注，原文作："蕭子良《古今篆隸文體》曰：'鶴頭書與偃波書，俱詔板所用，在漢則謂之尺一簡。'"中華書局影印本，頁 613 下，1977 年。"鶴頭書與偃波書"，王文引作"鶴頭書、偃波書"；"在漢則"，王文引作"漢時"。

227　引文見《隋書·百官志上》，原文作："陳依梁制，年未滿三十者，不得入仕。……其用官式，吏部先爲白牒，録數十人名，吏部尚書與參掌人共署奏，勅或可或不可。……若勅可，則付選，更色別，量貴賤，内外分之，隨才補用。以黃紙録名，八座通署，奏可，即出付典名。而典以名帖鶴頭板，整威儀，送往得官之家。"中華本，頁 748。

228　引文見《初學記》卷二一《文字第三·垂露》，原文作："摯虞《決疑要注》曰：'尚書臺召人用虎爪書，告下用偃波書，皆不可卒學，以防矯詐。'""矯詐"，王文引作"詐僞"。

　　《初學記》，唐徐堅等編，是現存較早而又比較重要的一部類書。全書摘録六經諸子百家之言，以類相從，分二十三部，三百十三個子目。此書是專爲唐玄宗的諸皇子臨文作詩時查檢事類典故、詞藻對語而編纂的，故名《初學記》。《初學記》引書相當廣泛，其中有些書現在已經失傳。

229　這句話的大意是，晉代皇帝娶皇后的文書用六種書體寫在木版上，其中一種是楷書，一般通行的木牘文書當然是以楷書和行書爲主了。

230 引文見《後漢書·宗室四王三侯列傳·北海敬王睦傳》，
原文作："睦能屬文，作《春秋旨意終始論》及賦頌數
十篇。又善《史書》，當世以爲楷則。及寢病，帝驛馬
令作草書尺牘十首。立十年薨，子哀王基嗣。"中華本，
頁557。按，原文實記北海靖王子敬王睦事，王文引作
"靖王傳"。

231 引文見蔡邕《答詔問災異八事》，原文作："光和元年七
月十日，詔書尺一召光禄大夫楊賜，諫議大夫馬日磾，
議郎張華、蔡邕，太史令單颺……受詔書各一通，尺一
木板草書。"《蔡中郎集》卷六，《四部叢刊》初編，第
132册。

232 王國維在上文中說以章草書簡均無確證，而在這裏說
《永初二年討羌符》用草書，又說漢牘固亦通用章草，
前後矛盾。按，《永初二年討羌符》寫于竹木簡上，不
能作爲證明漢牘書體的材料。實際上，從考古發現簡牘
實物看，漢代寫簡、寫牘並無專用篆、隸、草書的區分。
參見注140、注141、注142。

233 《説文》卷五上《竹部》："籥，書僮竹笘也。从竹龠
聲。"中華本，頁95下。"卷五"，王引文作"卷三"。
又："笘，折竹箠也。从竹占聲。潁川人名小兒所書寫
爲笘。"中華本，頁98上。笘，音 shān，小學生學寫字
用的簡。

234 引文見《禮記·學記》，原文作："今之教者，呻其佔
畢，多其訊。"鄭注："呻，吟也。佔，視也。簡謂之
畢。訊，猶問也。言今之師自不曉經之義，但吟誦其所

視簡之文，多其難問也。”《十三經注疏》，頁 1522。
“呻”，王引文作“伸”。“呻其佔畢”的意思是，不懂得
經書的意義，一味地照着看到的簡書吟誦。“佔”，鄭玄
認爲是看的意思，而清代學者王引之（1766—1834）
《經義述聞》卷十五指出：“佔，讀爲笘……亦簡之類。”
《經義述聞》，頁 364，江蘇古籍出版社影印，2000 年。
王國維亦從此説。佔：音 chān。

《學記》：關於學與教的理論，記述辦學與教的意義，
各類學校的設置，教與學的原則、方法與經驗及應注意
的問題。

235　《廣雅·釋器》：“笘，籭也。”王念孫《廣雅疏證》，頁
257，江蘇古籍出版社影印，2000 年。籭，即“觚”，參
見下注。

《廣雅》：三國魏張揖撰，是分類解釋同類詞的詞典。
我國第一部解釋同類詞的詞典是漢代成書的《爾雅》，
自從它問世以後，續作、模仿之作層出不窮，不僅編纂
體例基本相同，而且書名大都冠以“雅”字，這就是通
常所説的“雅書系統”，《廣雅》便是其中一種。清代王
念孫作《廣雅疏證》，是《廣雅》注中最好的一種。

236　引文見《急就篇》第一章“急就奇觚與衆異”顏師古
注，原文作：“觚者，學書之牘，或以記事，削木爲之，
蓋簡屬也。孔子歎觚，即此之謂。其形或六面，或八面，
皆可書。”嶽麓書社本，頁 32。考古發掘所獲漢簡中，
“觚”是一種在圓柱體上削出可供書寫文字的多個平面
稜形木棍，書寫平面有三至八面不等，可多次書寫，削

除，反復使用。

237　引文見《漢書·藝文志》，原文作："漢興，閭里書師合《蒼頡》《爰歷》《博學》三篇，斷六十字以爲一章，凡五十五章，并爲《蒼頡篇》。……至元始中，徵天下通小學者以百數，各令記字於庭中。揚雄取其有用者以作《訓纂篇》，順續《蒼頡》，又易《蒼頡》中重複之字，凡八十九章。"中華本，頁 1721。"庭"，王文引作"廷"。"取"，王文引作"採"。"倉""蒼"通用。

　　秦朝爲了統一和簡化漢字，官方用秦篆編寫了三种字書，丞相李斯作《倉頡篇》七章，車府令趙高作《爰歷篇》六章，太史令胡毋敬作《博學篇》七章，作爲兒童的識字課本。西漢初，鄉里的教師將三篇合在一起，每六十字分爲一章，共計五十五章，統稱《倉頡篇》。西漢末，揚雄作《訓纂篇》三十四章，作爲《倉頡篇》的續篇。東漢時班固又增續十三章。後來，賈魴作了《滂喜篇》。這樣，李斯等的《倉頡篇》與《訓纂篇》《滂喜篇》合在一起，稱爲《三倉》。倉頡：相傳是黃帝的史官，傳說中漢字的創造者，實際上應該是古代整理文字的一個代表人物。按：《蒼頡篇》後亡佚，近世考古發掘所獲漢簡中有《蒼頡篇》殘文，一般四言一句，有韻，一章六十字。開篇云："蒼頡作書，以教後嗣。幼子承詔，謹慎敬戒。勉力諷誦，晝夜勿置。"因此名之爲《蒼頡篇》。

238　引文見許慎《説文解字敘》，原文作："孝平時，徵禮等百餘人，令説文字未央廷中，以禮爲小學元士。黃門侍郎楊雄，采以作《訓纂篇》。凡《倉頡》已下十四篇，凡五千三百四十字。羣書所載，略存之矣。"中華本，頁 315 下。

239 "殊"，遺書本無，據手稿本、雲窗本補。

240 皇象：三國時吳國書法家，字休明，廣陵（今江蘇揚州）人。《急就篇》，又稱《急就章》（參見注 168），歷代書法家從漢代的張芝到明代的宋克等多有書寫，而其中以傳爲皇象所書的最著名。上海市松江縣博物館所藏的《急就章》刻石，根據王國維考證，是皇象本流傳至今最早的一部，最接近皇象書跡的原貌。

241 "所"，遺書本無，據雲窗本補。

242 龜卜文字：刻寫在龜甲和獸骨上的文字，主要記錄占卜事宜。"冊"，甲骨文寫作"卌""卌"，金文寫作"卌""卌"，正象簡冊之形。

243 本文開始，王國維引《周禮》例文講述"方"、"版"的使用，如《周禮·内史》"以方出之"；《晢蔟氏》"以方書十日之號"；《周禮·司書》"掌邦人之版"，《大胥》"掌學士之版"，《司士》"掌群臣之版"；《司民》"掌民之數，自生齒以上，皆書於版"，等等。參見注 20、21、22、23、24、25、26。

244 縑帛：可作爲書寫用的細絹。縑：音 jiān，特指雙絲織成的細絹，古時多用作禮儀、賞賜、酬謝之用，也充當貨幣或書寫材料。

245 引文見《周禮·夏官·大司馬》，原文作："王載大常，諸侯載旂，軍吏載旗，師都載旜，鄉遂載物，郊野載旐，百官載旟，各書其事與其號焉。"《十三經注疏》，頁 837

中。載：懸舉也。太常、旂、旗、旜、物、旐、旌：指周王以下所懸掛的七種不同的旗幟，各有不同的圖案。據《周禮·春官·司常》：“司常掌九旗之物名”，“日月爲常，交龍爲旂，通帛爲旜，雜帛爲物，熊虎爲旗，鳥隼爲旟，龜蛇爲旐，全羽爲旞，析羽爲旌。”各書其事與其號：在旗上分別寫上各人的職位與名號。

246　引文見《周禮·夏官·司勳》，原文作：“凡有功者，銘書於王之大（太）常，祭於大烝，司勳詔之。”《十三經注疏》，頁 841 下。這句話的意思是說：凡是建有功業者，把他們的名字寫在太常旗上。

247　引文見《儀禮·士喪禮》，原文作：“爲銘，各以其物。亡，則以緇，長半幅，經末，長終幅，廣三寸，書銘于末，曰：‘某氏某之柩。’”《十三經注疏》，頁 1130 上。這句話的意思是說：制作銘旌，分別用和死者爵位相應的帛。如果死者沒有爵位，就用半幅長的黑布，下面接上全幅的紅布，都是三寸寬。在紅布上寫死者的名，寫的是：“某氏某人的棺柩。”

248　引文見《墨子·明鬼下》，原文作：“古者聖王必以鬼神爲（一説下缺“有”字），其務鬼神厚矣，又恐後世子孫不能知也，故書之竹帛，傳遺後世子孫；咸（一説爲“或”字之誤）恐其腐蠹絕滅，後世子孫不得而記，故琢之盤盂，鏤之金石以重之；有恐後世子孫不能敬著以取羊，故先王之書，聖人一尺之帛，一篇之書，語數鬼神之有也，重有重之。”孫詒讓《墨子閒詁》，頁 214，中華書局，1986 年。“古者聖王必以鬼神爲有，其務鬼神厚矣”，王引文作“古者聖王必以鬼神爲其務”。
“重”，遺書本、雲窗本引作“章”，今據手稿本及《墨
子閒詁》本原文改。“敬箸以取羊”：箸：音 jūn，孫詒讓
《墨子閒詁》云：“《說文》云‘箸，讀若威。’又云
‘羊，祥也’。秦漢金石，多以‘羊’爲‘祥’。”這段
話大意是説：古代的聖王一定認爲鬼神是存在的，他們
祭祀鬼神很豐厚。又擔心後代子孫不知道這點，因此寫
在竹簡帛書上，留傳給後代子孫。又擔心文字被腐蝕、
被蟲咬而滅絶，使後代子孫不能記住，所以在盤盂上面
雕琢，在金石上鏤刻，以示敬重。或又擔心後代的子孫
不能敬奉以求取吉祥，所以先王的書，聖人的話，即使
是在一尺帛書，一篇簡書上，也屢次提到鬼神，説了
又説。

《墨子》：爲墨家文集，墨家是公元前五世紀晚期由
墨翟（史稱墨子）創立的。墨翟（約前 468—前 376）：
春秋、戰國之際的思想家，主張兼愛、非攻，尚賢、尚
同，反對儒家的繁文縟禮與厚葬，提倡薄葬。

249 周季：指周代晚期。季：有幼小、末世的意思。周代共存
續了約八百年，從前 11 世紀至前 770 年周平王東遷，史
稱西周，此後直至前 221 年秦統一六國，爲東周時期。
東周又可以分作春秋和戰國兩個時期。《墨子》一書爲
墨家文集，墨家是前 5 世紀晚期由墨子創立的。此處周
季應該指戰國時期。

250 《墨子》書中多次提到先王書竹帛的事，除前文外，又
如《兼愛下》中説：“何知先聖六王之親行之也？子墨

子曰：'吾非與之並世同時，親聞其聲，見其色也。以
其所書於竹帛，鏤於金石，琢於槃盂，傳遺後世子孫者
知之。'"《墨子閒詁》，頁 111。

251　引文見《晏子春秋·外篇第七·景公稱桓公之封管仲益
晏子邑辭不受第二十四》，原文作："昔吾先君桓公，予
管仲狐與穀，其縣十七，著之于帛，申之以策，通之諸
侯，以爲其子孫賞邑。"吳則虞《晏子春秋集釋》頁
485，中華書局，1962 年。這是齊景公對晏子的一席話，
景公說："從前我們的先君桓公，賞給管仲狐地與穀地，
它們的屬縣有十七個。把這件事鄭重地寫在帛上，同時
又寫在簡冊上，並且通報給諸侯，作爲可以傳給他的子
孫的產業。""申之以策"，遺書本作"申之於策"，今據
手稿本、雲窗本及《晏子春秋集釋》本原文改。

　　《晏子春秋》：記敘春秋時代齊國晏嬰言行的一部書。
它的成書，有長期的積累和演化過程，成書年代大約在
戰國時代，漢代經劉向整理校訂。今人吳則虞著有《晏
子春秋集釋》，中華書局，1962 年。1972 年，山東臨沂
銀雀山漢墓出土竹簡中，發現了與《晏子春秋》相關的
簡 100 餘枚。可參看《銀雀山漢墓竹簡》，文物出版社
1980 年出版。晏子：名嬰，字平仲，爲齊景公相，爲人
機敏睿智，善於辭令，主張省刑薄斂，反對奢侈浪費。

252　引文見《論語·衛靈公》，原文作："子張問行，子曰：
'言忠信，行篤敬，雖蠻貊之邦行矣。……'子張書諸
紳。"疏："以帶束腰，垂其餘以爲飾，謂之紳。"《十三
經注疏》，頁 2517 上。紳：指束腰的大帶，垂下留作裝

飾的部分。子張（前 505—?）：姓顓孫，名師，子張是
字，孔子的學生，少孔子四十八歲，陳國陽城（今河南
登封）人。這句話的大意是，子張聽到孔子的話，臨時
沒有簡牘可以記錄，就把它寫在腰帶上。

253　參見注 148。

254　引文見《韓非子·安危篇》，原文作：“先王寄理於竹
帛”。陳其猷《韓非子新校注》，頁 526。意思是説：先
王把法律寫在竹簡和帛書上。“理”，指法律。《韓非
子》：參見注 103。

255　引文見《漢書·公孫賀傳》，原文作：“（朱）安世者，
京師大俠也，聞賀欲以贖子，笑曰：‘丞相禍及宗矣。
南山之竹不足受我辭，斜谷之木不足爲我械。’”中華
本，頁 2878。“受我辭”，王文引作“盡我辭”。朱安世
是當時京城的要犯，被公孫賀抓獲。當他得知公孫賀抓
他是想爲兒子贖罪時，他説了這句話，意思是：我正要
告發你丞相公孫賀的事呢，要把我的供詞都寫下來，即
使把南山的竹子都用完也不夠。

256　獄辭：獄訟文書。

257　劉向序録諸書皆云“定以殺青”：指劉向校勘整理的《戰
國策》等書，在序言中把完成整理、謄抄書寫，稱爲
“定以殺青”。引文見《上〈戰國策〉書録》，原文作：
“所校中《戰國策》書……其事繼《春秋》以後，訖楚
漢之起，二百四十五年間之事皆定以殺青，書可繕寫。”
《戰國策》，頁 1193。殺青：古時在竹簡上書寫，先用火
炙烤竹青（竹子的表皮爲青色，稱爲竹青），蒸發其水

分，乾了以後容易書寫，並且有防蟲蛀的效果。這一過程也稱爲"汗簡"或"汗青"。"汗青"，有時也特指史書，如文天祥詩句説"人生自古誰無死，留取丹心照汗青"。殺青，後來泛指撰寫文章、書籍之類的工作全部完成。

258　卷：古代指書的卷軸。篇：竹簡。卷和篇之間的區別，參見注 155。"以卷計者，不及以篇計者之半"，表明直到漢代，竹簡的使用仍然多於帛書。

259　通問：互相問候。《禮記·曲禮上》："男女不雜坐……嫂叔不通問。"（《十三經注疏》，頁 1240 下）也指互通音訊。

260　這句話的意思是：缺少竹子的地方，有的也用木牘之類充當寫書的材料。

261　參見注 81。

262　引文見《初學記》卷二一《紙第七·當策》，原文作："桓玄《僞事》曰：古無紙，故用簡，非主於敬也。今諸用簡者，皆以黄紙代之。"頁 517。

　　　桓元：即桓玄（369—404），字敬道，東晉譙國龍亢（今安徽含山東南）人。曾起兵迫晉安帝禪讓，後失敗被殺。事跡見《晉書·桓玄傳》。王國維爲避康熙玄燁名諱，改"桓玄"爲"桓元"。

263　承制拜官：秉承皇帝旨意授予官職。制：皇帝的命令。《史記·秦始皇本紀》："命爲制。"（中華本，頁 236）又，《禮記·曲禮下》："士死制。"鄭注："制爲君教令。"（《十三經注疏》，頁 1259 下~1260 上）版授：授與委任官職的木板。晉代拜官按官職大小授給木板，上面書寫委任的官職。甘肅武威旱灘坡 19 號墓出土木板之一："有令武屬將軍都戰帥武威姬瑜（？）今拜駙馬都尉，建興卅四年九月十五日戊子下，起東曹。"之二："有令齋直軍議椽武威姬瑜（？）今建義奮節將軍長史，建興卅八年四月廿九日辛未下，起東曹。"《甘肅武威旱灘坡 19 號晉墓木牘》，《散見簡牘合輯》，頁 26，文物出版社，1990 年。（參見第 121 頁插圖）

264　露版：又作"露板"，不緘封的文書。抗章言事：指上書直言。"抗章言事則曰'露版'"，是用了一個典故。《三國志·魏書·崔琰傳》："太祖（曹操）狐疑，以函令密訪於外，唯琰露板答曰：'蓋聞春秋之義，立子之長，加以五官將（曹丕）仁孝聰明，宜承正統。'"（中華本，頁 368~369）

265　引文見《南史·張興世傳》，原文作："（宋）明帝即位，四方反叛，進興世龍驤將軍，領水軍拒南賊。時臺軍據赭圻，朝廷遣吏部尚書褚彥回就赭圻行選。是役也，皆先戰授位，檄板不供，由是有黃紙札。"中華本，頁 690。大意是：宋明帝即位，四方反叛，當時臺軍佔據赭圻，朝廷派吏部尚書褚彥回到赭圻。這一戰役，對參戰的將軍都在戰鬥之前授予勳位，以至於寫委任書的木板都不夠用了，因而纔用黃紙來寫。

266　全句意思是：簡牘的使用，早於縑帛，一直使用到紙發明之後，直至南北朝終了纔廢棄不用。穀網：指造紙原料。肇：音 zhào，開始。

267　封緘：封閉，封口。

268　引文見《古今注》卷下《問答釋義第八》，原文作："凡傳皆以木爲之，長尺寸，書符信於上，又以一版封之，皆封以御史印章，所以爲信也，如今之過所也。"《四部叢刊》三編。參見注 197。傳：出關卡時所用的憑證。符：古代朝廷用以傳達命令、調兵遣將的憑證。

269　引文見《説文·木部》，原文作："檢，書署也，从木僉聲。"中華本，頁 124 上。

270　這句話的意思是說："檢"的本義是指古代封書題籤，後來把封書題籤的東西也稱爲"檢"。20 世紀考古發掘出土的"檢"，資料十分豐富。有關研究可參看日本學者大庭脩《漢簡研究》第二篇第五章《再論"檢"》，頁 210~246，日本同朋舍，1992 年。徐世虹中譯本，頁 176~204，廣西師範大學出版社，2001 年。

271　引文見《説文解字繫傳·通釋第十一》，原文作："檢，書函之蓋也。玉刻其上，繩緘之。然後填以金泥，題書而印之也。大唐開元封禪禮，爲石函以盛玉牒，用石檢也。"中華書局，頁 117。"緘"，王文引作"封"。古代封禪禮中，往往先給玉牒（或簡）做一個石函，然後再在石函上蓋石檢。徐鍇認爲，"檢"應是給書信（或是竹簡，或是木牘）做的書函上的蓋。

272　引文見《六書故》卷二一"檢"字下，原文作："檢，居奄切，檢蓋以木爲之。""居奄切"下注："《説文》曰：書署也。東漢封禪……又曰檢狀如封篋。"《六書故》，臺灣商務印書館 1986 年 3 月影印文淵閣《四庫全書》第二二六册，頁 412。篋：音 qiè，小箱子，這裏指書函。

《六書故》：元戴侗撰，三十三卷，文字按象形指事等分別排列，以六書分析闡釋字義，字體不依小篆而據金文，但釋義每多臆測。戴侗：字仲達，南宋淳祐進士，曾任台州太守。

273　王國維認爲，徐鍇由封禪用的玉檢、石檢推論平常所用的木檢的形制，是不準確的。由於古人對封禪看得十分神聖，使用的器物一般規格較高，因此封禪所用的玉檢、石檢的形制，與普通檢的形制還是有所不同。至於有何不同，王國維在下文中詳加申論。

274　末由：沒有別的途徑。末，無，沒有。《論語·子罕》："雖欲從之，末由也已。"

275　引文見《漢書·武帝紀》"夏四月癸卯，上還，登封泰山"顏注，原文作："孟康曰：'王者功成治定，告成功於天。封，崇也，助天之高也。刻石紀號，有金策石函金泥玉檢之封焉。'"中華本，頁 191。

276　元宗：即唐玄宗。這是王國維爲避康熙皇帝"玄燁"之名諱，改"玄"爲"元"。

277　元封：漢武帝劉徹年號，公元前 110—105 年。

278　典物：指典章文物制度。

279　引文見《後漢書·祭祀志上》，原文作："有司奏當用方石再累置壇中，皆方五尺，厚一尺，用玉牒書藏方石。牒厚五寸，長尺三寸，廣五寸，有玉檢。又用石檢十枚，列於石傍，東西各三，南北各二，皆長三尺，廣一尺，厚七寸。檢中刻三處，深四寸，方五寸，有蓋。檢用金縷五周，以水銀和金以爲泥。玉璽一方寸二分，一枚方五寸。"中華本，頁3164。"置"，王引文脫；"牒"，王引文脫。"傍"，王文引作"旁"。

280　引文見《後漢書·祭祀志上》，原文作："尚書令奉玉牒檢，皇帝以寸二分璽親封之，訖，太常命人發壇上石，尚書令藏玉牒已，復石覆訖，尚書令以五寸印封石檢。"中華本，頁3169。"玉牒檢"，王引文"檢"作"簡"。"命"，王引作"令"。"印"，王引作"璽"。

281　"嵌合"，遺書本作"嵌石"，今據手稿本、雲窗本改。

282　《舊志》：指《舊唐書·禮儀志》。下文的《新志》指《新唐書·禮樂志》。

283　引文見《舊唐書·禮儀志三》，王引文與原文有些出入，有的是王國維順便作了一些校勘。原文作："又造玉策三枚，皆以金繩連編玉簡爲之。每簡長一尺二寸，廣一寸二分，厚三分，刻玉填金爲字。又爲玉匱一，以藏正座玉策，長一尺三寸。并玉檢方五寸，當繩處刻爲五道，當封璽處刻深二分，方一寸二分。又爲金匱二，以藏配座玉策，制度如玉匱。又爲黃金繩以纏金、玉匱，各五周。爲金泥、玉匱、金匱。爲玉璽一枚，方一寸二分，文同受命璽，封玉匱、金匱。又爲石礉，以藏玉匱。用方石再累，各方五尺，厚一尺。刻方石中令容玉匱。礉旁施檢處，皆刻深三寸三分，闊一尺。當繩處皆刻深三分，闊一寸五分。爲石檢十枚，以檢石礉，皆長三尺，闊一尺，厚七寸。皆刻爲印齒三道，深四寸。當封璽處方五寸，當通繩處闊一寸五分。皆有小石蓋，制與檢刻處相應，以檢撅封泥。其檢立於礑旁，南方、北方各三，東方、西方各二，去礑隔皆七寸。又爲金繩以纏石礑，各五周，徑三分。爲石泥以泥石礑，其泥，末石和方色土爲之。”中華本，頁885。“去礑隔皆七寸”的“去”字，遺書本無，今據手稿本補。“連編”，王文引作“編”。“一尺二寸”，王文引作“一尺二分”；“一寸二分”，王文引作“寸二分”，今據原文校正。“制度如玉匱”，王文未引。“纏金、玉匱”，王文引作“纏玉匱、金匱”。“封玉匱、金匱”，王文引作“以封玉匱、金匱”。“爲金泥、玉匱、金匱”，王文引作“爲金泥以泥之”。“刻方石中”，王文引作“刻方石”。“制與檢刻處相應”，王文漏引。“爲金繩以纏石礑”，王文引作“爲金繩以纏礑”。這段話的大意是：製作了三套玉簡策，都是用金繩編聯玉簡做成的。每支簡長一尺二寸，寬一寸二分，厚三分，在玉簡上刻字，刻槽內填上金泥。又製作了一個玉匣子，收藏寫祭正座牌位祭文的玉策，長一尺三寸，玉檢五寸見方，用繩子綁縛處刻五道溝槽，加蓋封印的地方挖一個深二分、一寸二分見方的凹槽。又製作兩個金匣子，用來收藏寫祭配座牌位祭文的玉策，制度與玉匣子相同。又用黃金編繩來捆綁金、玉匣子，各纏繞五圈。又製作了裝金封泥的玉匣子，作了一枚玉璽，印面一寸二分見方，印文與受命即位的印文相同，來封緘玉匣、金匣。又製作了石盒子，將玉匣放在石盒子裏。石盒子用兩塊五尺見方、厚一尺的大石頭製作，

鑿石使它的空間足夠容置玉匣。石盒子側面放置檢的地
方，刻出一個寬一尺、深三寸三分的凹槽。要綁縛繩子
的地方，刻出一道深三分、寬一寸五分得凹槽。製作石
檢十枚，來封住石盒子，石檢長三尺，寬一尺，厚七寸。
石檢上刻出印齒三道，每道深四寸。加蓋封璽的地方，
刻出五寸見方的凹槽；綁縛繩索處，刻出寬一寸五分的
凹槽。加蓋封璽的凹槽上都有小石蓋，用來遮蓋保護封
泥。石檢豎立在石盒子四週，南面、北面各三枚，東面、
西面各兩枚。距離石盒子四角下方都是七寸。用金繩捆
綁石盒子，各五道，繩子的直徑爲三分。製作了石泥來
塗飾石盒子。石泥用石頭砸成石粉，調和上與各方相配
的顏色土製作而成。

284　祥符：爲大中祥符的省稱。大中祥符，宋真宗趙恆年號，
公元 1008—1016 年。

285　貞觀十一年：貞觀爲唐太宗李世民年號，十一年爲公元
637 年。左僕射：職官名，唐初左右僕射即爲宰相。唐太
宗對房元齡、杜如晦説："公爲僕射，當洞開耳目，訪
求才賢，是爲宰相弘益之道。"（見《通典》卷二十二
《職官四・僕射》，中華影印本，頁 131 上。中華點校
本，頁 596。）房元齡：即房玄齡，這是王國維爲避康熙
皇帝"玄燁"名諱，改"玄"爲"元"。

　　《舊志》：指《舊唐書・禮儀志》。唐貞觀十一年左
僕射房玄齡議製封禪玉牒事，《舊唐書・禮儀志》記：
"今請玉牒長一尺三寸，廣厚各五寸。玉檢厚二寸，長
短闊狹一如玉牒。其印齒請隨璽大小，仍纏以金繩五

周。”中華本，頁 882。

　　《通典》卷五十四《禮十四・吉十三・封禪》作：“又議制玉牒：‘長尺三寸，廣厚各五寸，玉檢厚二寸，長短闊狹一如玉牒。其印函請隨璽大小，仍纏以金繩五週。’”中華影印本，頁 312 中。中華點校本，頁 1515。

286　《續漢志》：指《續漢書・禮儀志》。

287　麟德：唐高宗李治年號，公元 664—665 年。許敬仲等議“封禪”的内容參見注 51。

288　廣袤：指長與寬，東西曰廣，南北曰袤。

289　“三者”之“三”字，遺書本、雲窗本作“二”，今據稿本改爲“三”字。“三者”應分別指前面所説的玉牒之檢、玉匱之檢和石檢。

290　建武：漢光武帝劉秀年號，公元 25—55 年。

291　《唐志》：此處似並指《舊唐書・禮儀志》及《新唐書・禮樂志》。

292　引文見《論衡・程材篇》，《論衡校釋》本作：“封蒙約縛，簡繩檢署，事不如法。”《論衡校釋》，頁 538。王國維在這一節講的意思是：給書函做檢的過程是，先在書函之上加一塊木板，然後用繩捆束，填上泥，蓋上印，最後題簽，寫上收件人的姓名等，整個過程才算結束。

293　徐、戴之説：即前文所引徐鍇《説文解字繫傳》和戴侗《六書故》之説。參見注 271、272。

294　引文見《釋名・釋書契》：“檢，禁也。禁閉諸物使不得開露也。”《釋名疏證補》，頁 298。又：“書文書檢曰署。署，予也，題所予者官號也。”《釋名疏證補》，頁 305。

原文大意是，檢，是禁的意思，把各種東西封閉起來，不讓它們開露出來。在文書的檢上寫字叫做署。署，就是給與，寫上收受人的名號。按，《釋名疏證補》畢沅引王啓原曰：“書文書檢者，題文書封面也。……文書，公文之名，謂公文既封，而題署所予之人。檢，猶今之緘。”（見第124頁插圖）

295　引文見《急就篇》卷三“簡札檢署槧牘家。”顏師古注，原文作：“檢之言禁也，削木施於物上，所以禁閉之，使不得輒開露也。署，謂題書其檢上也。”嶽麓書社本，頁176~177。顏注大意是：檢，是禁的意思，把木頭削成一定形狀蓋在物件上，不讓它們開露出來。署，就是在文書的檢上寫上字。（見第125頁插圖）

296　引文見《廣韻·上聲琰第五十》：“檢，書檢，印窠封題也。”《宋本廣韻》，北京中國書店1982年版，頁314。指封檢上有加蓋封泥的凹槽和題寫收件人的名字。

　　陸法言（562—?）：名“詞”，或作“慈”，隋魏郡臨漳（今河北臨漳西南）人，隋文帝仁壽元年（601年），撰《切韻》五卷。《切韻》是研究中古漢語語音的重要資料，但原書已佚，敦煌有唐寫殘本三種，互相補足，平、上、去三聲大致齊全，約爲原書的四分之三。孫緬（或作“愐”），唐朝人。增訂《切韻》韻部，並增字加注而成《唐韻》五卷。《廣韻》一書就是宋陳彭年（966—1017）等人在《切韻》系統韻書的基礎上加以增訂而成的韻書，全名《大宋重修廣韻》。王國維《觀堂集林》中有《唐諸家切韻考》《書內府所藏王仁昫切韻後》《書吳縣蔣氏藏唐寫本唐韻後》等論著（《王國維遺書》第二册）。

297　引文見《漢書·王莽傳》，原文作："梓潼人哀章學問長安，素無行，好爲大言。見莽居攝，即作銅匱，爲兩檢，署其一曰'天帝行璽金匱圖'，其一署曰'赤帝行璽某傳予黃帝金策書'。某者，高皇帝名也。書言王莽爲真天子，皇太后如天命。"中華本，頁4095。這句話的意思是説：梓潼人哀章看到王莽居位攝政，就製作了一個銅匱，還做了兩個檢，用印泥封好的題名檢署，其中一塊寫"天帝行璽金匱圖"，另一塊寫"赤帝行璽某傳予黃帝金策書"。所謂某，是高皇帝劉邦的名字。（見第124頁插圖）

298　剡：音 yǎn，鋭利的意思。"剡上者"是一種將上端削尖下部較寬的木牘，寫字的牘上覆蓋著一塊形制、大小完全相同的板，即"檢"。

299　梜：音 jiā。梜、檢柙：指保護版牘的夾板。柙，音 xiá，通"匣"。王國維的意思是，覆蓋在寫有文字的木牘上起保護作用的檢，恰好與木牘長短寬窄相同的也叫做"梜"。（見第126頁插圖）

300　引文見《説文解字繫傳·木部》"梜"字："臣鍇曰：'謂書封函之上，恐磨滅文字，更以一版于上柙護之，今人作"柙"。古封禪玉檢上用柙也，今人言文書柙署是也。'"中華影印本，頁119。"封函"，王文引作"函封"。"磨"，王文引作"摩"。大意是，"梜"是在書函之上再放上一塊起保護作用的蓋板，使寫有文字的版牘不致磨損，現在人寫作"柙"。古代封禪用的玉檢上，使用柙。

301　王國維批評徐鍇説"似是而非"，是因爲徐鍇將保護文字的蓋板和覆斗形的檢混淆了，下文中王國維考證了封檢之制。這句話的大意是，古代封禪典禮所用的石檢，加蓋璽印之處有一塊蓋板，而玉檢上不再覆加柙板。而覆蓋在玉簡上的檢恰好與玉簡的長短寬窄相同，所以與"柙"的字義是相符的。

302　這句話的意思是，覆蓋在寫字書信木牘上的大大小小的蓋板都可以叫做檢。柙也可以叫做檢，但不是所有的檢都是與寫字木牘大小相同的柙。像唐代封禪所用金玉匱上的檢，它的長度與匱相同，而它的寬度比匱短八寸，不能恰好夾住玉匱，所以不應當叫做柙。

303　參看第 127 頁左上插圖。

304　引文見《周禮·地官·司市》，原文作："凡通貨賄，以璽節出入之。"鄭注："璽節印章，如今斗檢封矣。"賈疏："案漢法，斗檢封，其刑方，上有封檢，其内有書。則周時印章上書其物，識事而已。"《十三經注疏》，頁 735 上。璽節：一種加蓋有璽印的符節，這裏指在授權允許經商販運的竹帛符節上加蓋印章。《周禮》原文的大意是説：凡是貨物和錢財的運輸，頒發給加蓋印章的符節作爲出入關卡的憑證。王國維認爲賈疏的解釋没有講清楚。賈疏的大意是，漢代的"斗檢封"，它的形製是方形的，上面有封檢，中間是文書；周代是在物品上書寫品名蓋上印章，起加以標識的作用。

305　阮文達：即阮元（1764—1849），文達是他的謚號。阮元是晚清著名學者，江蘇儀徵人。乾隆五十四年（1789年）進士，授翰林院編修。歷任浙江、江西、河南巡撫，湖廣、兩廣、雲貴總督，道光年間，官至體仁閣大學士，加太傅。《清史稿》有其傳。平生提倡學術，曾在杭州創立詁經精舍，在廣州創立學海堂。又羅致學者編書刊印，主編《經籍纂詁》，校刻《十三經注疏》，匯刻《皇清經解》等。他自己的著述也很多，著有《疇人傳》《積古齋鐘鼎彝器款識》《兩浙金石志》《考工記車制圖解》，等等，這些都已收入《揅經室集》。阮元將"漢不知名之銅器"作爲"斗檢封"的説法見其《積古齋鐘鼎彝器款識》卷十中，王國維在下文中還有申説。

306　張叔未：即張廷濟（1768—1848），叔未是他的字，晚清著名收藏家，浙江嘉興人。因科舉不得意，於是絶意仕途，而以金石自娱。建有"清儀閣"，收藏了自商周到近代的金石書畫刻削髹飾的各種文物。他將"漢不知名之銅器"作爲"斗檢封"的説法，阮元《積古齋鐘鼎彝器款識》和鮑昌熙《金石屑》中都曾引述，王國維下文中還有申説。

307　《積古齋鐘鼎彝器款識》：共十卷，著録從商代至漢晉的器物共550件。阮元摹録這些器物的銘文，並加以考釋。書前有《商周銅器説》二篇，論述銅器的重要價值，以及周代有關彝器的記載和漢以後出土彝器的情況。另外，該書還附有《商周兵器説》一篇。《積古齋鐘鼎彝器款識》卷十記："右漢斗檢封，器内銘四字，底銘四字，末一字泐，皆陽識。張叔未所藏器……比器形方如斗，

内銘云'官律所平'……其爲通商之封璽無疑，叔未以
爲斗檢封是也。"

　　《金石屑》第一册，有題記説："嘉慶壬戌人日，余
在京師過宋芝山葆淳寓以大錢千買得是物，趙謙士光録
秉沖定爲斗檢封。阮儀徵師編入《積古齋鐘鼎彝器款
識》第十卷，説因之。"《金石屑》清光緒三年自序刊
本，共四卷，四册。

308　可參見孫慰祖編《秦漢金文彙編》圖 538 "斗檢封"，上海
　　　書店出版社，1997 年版，頁 377。（見第 127 頁右下插圖）

309　嘉量：古代標準量器名。《周禮・冬官・㮚氏》："嘉量既
　　　成，以觀四國。"（《十三經注疏》，頁 916 下）《漢書・
　　　律曆志上》："夫推曆生律制器，規圜矩方，權重衡平，
　　　準繩嘉量。"顔注引張晏曰："準，水平。量知多少，故
　　　曰嘉。"又，"合龠爲合，十合爲升，十升爲斗，十斗爲
　　　斛，而五量嘉矣。"師古曰："嘉，善也。"（中華本，頁
　　　956；頁 967~968。）

310　王國維認爲 "斗檢封" 應指 "書牘之封檢"，這恐怕是
　　　有問題的，尚待進一步考證。（參見第 128 頁插圖）

311　"遺物" 之 "物"，稿本作 "制"。

312　引文見《漢書・東方朔傳》，原文作："願近述孝文皇帝
　　　之時，當世耆老皆聞見之。貴爲天子，富有四海，身衣
　　　弋綈，足履革舄……集上書囊以爲殿帷。"中華本，頁
　　　2858。這是東方朔勸諫漢武帝屬行節約的話，意思是説，
　　　漢文帝非常節儉，將各地上書時裝文書的口袋收集起來，
　　　做成宫殿裏的帷幕。關於包裹或盛放書信的外皮，敦煌

兩漢懸泉置遺址出土簡牘中有"橐書""緯書"兩類。如《敦煌懸泉漢簡釋粹》110號："皇帝橐書一封，賜敦煌太守。""橐書"即用囊橐封檢的書信。107號："入西阜布緯書一封。""緯"可能通"帙"，即書衣。有些簡文對"緯"的形式有扼要描述："綠緯綖滿，署皆完，緯兩端各長二尺"，"綠緯孤宏縕檢皆完，緯長丈二尺"等，但具體形制尚待進一步考證。參見《敦煌懸泉漢簡釋粹》，頁89~90。

313　引文見《漢書·外戚傳下·趙皇后》。中華本，頁3990。

314　引文見《西京雜記》卷四《紫泥》。向新陽、劉克任《西京雜記校注》，頁199。中書：官名，少府（管宮廷總務）屬官，漢武帝時開始設置。掌管宣佈詔命和宮中檔案等。因爲中書掌握機密，所以權勢越來越大。到唐代，設立中書省、門下省、尚書省，合稱"三省"。"三省"的長官中書令、侍中、尚書令共議國政，都是宰相的職務。武都：古縣名，在今甘肅西和縣西南。這是説，宮廷內發出的公文，封緘的封泥使用武都出產的紫泥。璽室：指封檢加蓋璽印的凹槽，有捆綁版牘和木檢的細繩壓在其中，裏面要填置封泥，上面再蓋上璽印。

315　《舊儀》：即《漢舊儀》，引文參見注181。

316　阜：黑色。後寫作"皂"。

317　引文見《後漢書·公孫瓚傳》所列袁紹十罪，原文作："逼迫韓馥，竊奪其州，矯刻金玉，以爲印璽，每有所下，輒阜囊施檢，文稱詔書。昔亡新僭移，漸以即真。觀紹所擬，將必階亂。紹罪五也。"中華本，頁2360。

"文稱詔書"，遺書本、雲窗本脫"書"字，今據手稿本
及《後漢書·公孫瓚傳》原文補。

318　引文見《獨斷》卷上，原文作："凡章表皆啓封，其言
　　　密事，得皁囊盛。""皁"，一本作"帛"。《漢魏叢書》，
　　　頁181上。

319　引文見《漢書·外戚傳下·趙皇后》，原文作："後詔使
　　　嚴持綠囊書予許美人……美人以葦篋一合盛所生兒，緘
　　　封，及綠囊報書予嚴。"中華本，頁3993。"予嚴"，王
　　　文未引。

320　引文見《漢書·丙吉傳》，原文作："此馭吏邊郡人，習
　　　知邊塞發犇命警備事，嘗出，適見驛騎持赤白囊，邊郡
　　　發犇命書馳來至。"中華本，頁3146。"驛騎"王文引作
　　　"驛吏"。"至"，王文未引。馭吏：是駕駛車馬的小吏。
　　　據出土居延、敦煌漢簡資料，古代郵置中負責駕駛車馬
　　　的馭吏，也兼作傳遞信函文書的工作。犇（音 bēn）命
　　　書：指前綫有緊急敵情，請求調軍奔赴前綫救援的公文
　　　書。《丙吉傳》顏師古注："犇，古奔字也。有命則奔赴
　　　之，言應速也。"《後漢書·光武帝紀上》："所過發奔命
　　　兵，移檄邊郡，共擊邯鄲。"李賢注："舊時郡國，皆有
　　　材官騎士，若有急難，權取驍勇者，聞命奔赴，故謂之
　　　奔命。"（中華本，頁14）

321　引文見《通典》卷五十八《禮十八·嘉三·公侯大夫士
　　　婚禮》，原文作："東晉王堪六禮辭，並爲贊頌。儀云：
　　　於版上各方書禮文，壻父名、媒人正版中，納采於版左
　　　方。裹以皁囊，白繩纏之，如封章……"中華影印本，

頁 337 上。中華點校本，頁 1651。"纏"，遺書本引作
"緘"，今據手稿本、雲窗本及《通典》原文改。這句話
的大意是，婚禮納采禮文的版牘，用黑色的口袋包裹，
用白繩捆縛，像封緘章表一樣。六禮：指古代婚禮中的
納采、問名、納吉、納徵、請期、親迎。納采：女方接
受男方提親，並接受采禮。問名：男方問所娶女子之名，
以便占卜吉凶。納吉，男方占卜得到吉兆，前來告訴女
方，女方接受。納徵：女方接受男方的禮物，婚姻關係
形成。請期：女方請男方選擇成婚日期。親迎：新郎親自
到女方家迎娶。

322　引文見《漢書·外戚傳下·趙皇后傳》，原文作："中黄
門田客持詔記，盛綠綈方底，封御史中臣印。"師古曰：
"方底，盛書囊，形若今之算縢耳。"中華本，頁 3990。
縢：音 téng，囊。算縢：算袋，盛放文具的口袋。

323　引文見《舊唐書》卷四五《輿服志》："上元元年八月又
制：'一品已下帶手巾、算袋，仍佩刀子、礪石。'"中
華本，頁 1952。

324　引文見《玉篇·巾部》"縢"字下："大互切。囊也，兩
頭有物謂之縢擔。"《大廣益會玉篇》，中華書局 1987 年
影印，頁 127。

　　《玉篇》：南朝梁顧野王編，《説文解字》是我國第
一部以小篆爲主體的字典，《玉篇》是繼其後第一部楷
書字典。《玉篇》編纂於梁武帝大同九年（543 年）。顧
野王在《序言》中説編輯此書的目的是考證"六書八體
今古殊形"，"字各而訓同"，"文均而釋異"的現象。唐

高宗上元元年（674 年），處士孫強曾修訂增字。宋真宗
於大中祥符六年（1013 年）敕令陳彭年等再次重修，增
字很多，名爲《大廣益會玉篇》，即所謂今本《玉篇》。
全書共三十卷，分爲五百四十二部，收字二萬二千多，
是古籍整理與研究中重要的工具書。

　　顧野王（519—581），字希馮，吴郡吴縣（今江蘇
蘇州）人。爲梁宣城王賓客，入陳後任黄門侍郎、光禄
卿，著有《玉篇》《輿地志》《續洞冥記》《符瑞
圖》等。

325　引文見《廣韻·下平聲登第十七》："縢，囊可帶者。"
《宋本廣韻》，頁 182。

326　參見注 181。

327　算馬：這裏指籌碼。《禮記·投壺》："勝飲不勝者，正爵
既行，請爲勝者立馬。"意思是説：投壺勝的人就酌酒罰
不勝的人飲酒，行過罰酒之後，就爲獲勝的人立一枚計
數的籌碼。孔穎達疏："馬是威武之用，爲將帥所乘，
今投壺及射亦是習武，而勝者自表堪爲將帥，故云馬
也。"此數"算"字，雲窗本作"筭"。

328　"籌"，遺書本、雲窗本作"筭"，今據手稿本改。

329　"又似"，遺書本、雲窗本作"似又"，今據手稿本改。

330　引文見《獨斷》卷上，原文作："凡制書有印使符，下
遠近，皆璽封，尚書令印重封。"《漢魏叢書》頁 180
下。"印使符"，王文改作"竹使符"。《漢書·文帝紀》：
"（二年）九月，初與郡守爲銅虎符、竹使符。"顏師古
注引應劭曰："銅虎符第一至第五，國家當發兵，遣使

者至郡合符，符合乃聽受之。竹使符皆以竹箭五枚，長五寸，鐫刻篆書，第一至第五。"（中華本，頁118）由此看來，王文改作"竹使符"是有道理的。

331 《說文·木部》："檢，書署也。从木僉聲。"中華本，頁124上。《說文·巾部》："帖，帛書署也。从巾占聲。"中華本，頁159上。

332 引文見《初學記》卷二一《紙第七·別駕函、右軍庫》，原文作："魏武令曰：'自今諸掾屬、侍中、別駕，常以月朔各進得失，紙書函封，主者朝，常給紙函各一。'"頁517。"主者"，指主管官吏，這裏指朝廷主管供應紙的官吏——尚書右丞，曹操命他爲諸僚屬供應"紙函"。"給"，王文諸本皆作"結"。

333 參見注321。

334 江左：指長江下游以東地區。古人記述地理時，以東爲左，以西爲右，所以江東又稱江左，江西又稱江右。東晉偏安江東，這裏的江左即指東晉。

335 引文見《通典》卷五十八《禮十八·嘉三·公侯大夫士婚禮》，原文作："東晉王堪六禮辭，並爲贊頌。儀云：於版上各方書禮文，壻父名、媒人正版中，納采於版左方。裹以皁囊，白繩纏之，如封章……"中華書局點校本，頁1651。引文參見注321。"儀云"，王文引作"儀文"。

336 引文見《漢書·外戚傳下·趙皇后》，原文作："後三日，客持詔記與武，問'兒死未？手書對牘背。'武即書對：'兒見在，未死。'"顏師古注曰："牘，木簡也。時以爲詔記問之，故令於背上書對辭。"中華本，頁

3991～3992。這一節講的是，漢成帝的宮女曹宮受到御幸後，懷孕生子，因趙飛燕姊妹嫉妒，先將曹宮和嬰兒放在內廷的牢房內，而後又將曹宮賜死，所生之子亦不知所終。這句話的意思是，三天以後，宦官（田）客拿着皇帝的手記交給掖庭獄丞籍武，問："孩子死沒死？回答在木牘的背面。"籍武就在木牘背面寫道："孩子還在，沒有死。"

337 從：通"縱"。封泥底面的繩跡，根據出土封泥資料看，除了有縱、橫、十字（交叉）等形式外，還有兩道、三道、四道交叉的，還有一橫道一斜道的。（繩緘之法，見第 132 頁插圖）

338 古金人之"三緘其口"：見《説苑·敬慎》："孔子之周，觀於太廟右陛之前，有金人焉，三緘其口，而銘其背曰：'古之慎言人也，戒之哉，戒之哉！無多言，多言多敗；無多事，多事多患。'"趙善詒《説苑疏證》，頁 292～293，華東師範大學出版社，1985 年。

339 引文見《漢書·平帝紀》，原文作："徵天下通知逸經、古記、天文、曆算、鍾律、小學、《史篇》、方術、《本草》及以《五經》《論語》《孝經》《爾雅》教授者，在所爲駕一封軺傳，遣詣京師。"顏師古注："如淳曰：'律，諸當乘傳及發駕置傳者，皆持尺五寸木傳信，封以御史大夫印章。其乘傳參封之。參者，三也。有期會累封兩端，端各兩封，凡四封也。乘置馳傳五封也，兩端各二，中央一也。軺傳兩馬再封之，一馬一封也。'"中華本，頁 359。"累封兩端，端各兩封"，遺書本、雲窗本作“累封兩端，二各兩封”，“二”字是謄繕者將原稿“端”字下的重文符號誤抄爲“二”，今據手稿本及《漢書・平帝紀》顏注原文改。顏注所引如淳説之大意是，漢律規定，凡乘坐四馬駕車以及需要使用驛置車馬者，都要持有一尺五寸長的木傳信，由御史大夫加蓋印章封緘。乘四馬駕車的傳信要有三個封。有時間規定的傳信在兩端加封，每端各兩個封印，一共四個封印。乘坐驛置提供的用於執行緊急使命的“馳傳”有五個封印，兩端各兩個封印，中央一個封印。輕型馬車“軺傳”，使用兩匹馬的要有兩個封印，使用一匹馬的要有一個封印。秦漢時，爲傳遞公文書信及給出差官吏提供旅途食宿的便利，全國設有驛置交通網。驛置備有專門的交通工具，即傳車、傳馬。傳車有不同的種類：乘傳，是用四匹馬拉的車。馳傳，是指用於緊急任務的傳車。軺傳，是兩匹馬或一匹馬駕的輕便車。“乘傳參封”，是説：如使用“乘傳”，則作爲乘車憑證的傳信要有三個封印。

340　引文見段玉裁《説文解字注・土部》“墨”字注，原文作：“蓋筆墨自古有之，不始於蒙恬也。箸於竹帛謂之書，竹木以黍，帛必以墨，用帛亦必不起於秦漢也。周人用璽書印章，必施於帛，而不可施於竹木。”上海古籍出版社，頁 688 上。

341　當時或以爲印范：首部著録封泥的書是編成於清道光二十二年（1842 年）的吳榮光的《筠清舘金石》，書中著録六枚封泥，其卷五考證云：“此漢世印埴（範）子也，以泥雜膠爲之。道光二年，蜀人掘山藥得一窖，凡百餘枚。……以泥質歷二千年而不壞，良可寶詫，在金玉之上未曾有也。"

342 《封泥考略》：是研究封泥最早的一部專著，吳式芬、陳介祺合輯。1990 年中國書店影印清光緒三十年版。吳式芬（1796—1856）：字子苾，山東海豐（今無棣東北）人。清道光進士，官至内閣學士，金石文字收藏家與研究者，著有《攗古録金文》等。陳介祺（1813—1884）：字壽卿，號簠齋，山東濰縣（今濰坊）人。清道光進士，曾任翰林院編修，金石學家，著有《十鐘山房印舉》等。（封泥及使用方法，見第 133~134 頁插圖）

343 《説文》（十三）：遺書本、雲窗本作"十二"，今據手稿本及《説文》原文改。原文作："璽，王者之印也。以主土，從土，爾聲。璽，籀文从玉。"段氏注曰："蓋周人已刻玉爲之。曰籀从玉，則知从土者古文也。"上海古籍出版社，頁 688 上。"刻玉爲"，王文諸本皆引作"刻玉爲之"。

344 引文見《周禮·秋官·職金》，原文作："掌凡金玉錫石丹青之戒令。受其入征者，辨其物之媺惡與其數量，楬而璽之"。《十三經注疏》，頁 881 下。"楬"，王文引作"揭"。楬：音 jié，懸掛在封裝物品之外用作標識的籤牌，寫物品名稱數量，也有封緘包裝的作用。《周禮》的這句話，意思是説："加上物品名稱數量的標籤，並加蓋印章。"

345 引文見《吕氏春秋·離俗覽·適威》，原文作："故民之於上也，若璽之於塗也，抑之以方則方，抑之以圓則圓。"陳其猷《呂氏春秋校釋》，頁 1281。二"圜"字，王文皆引作"圓"。塗：即封泥。大意是，對於統治者而言，百姓就好像要加蓋璽印的封泥，璽印是方的，蓋在封泥上的形狀就是方的；璽印是圓的，蓋在封泥上的形狀就是圓的。（見第 135 頁插圖）

346 引文見《淮南子》卷十一《齊俗訓》，原文作："若璽之抑埴，正與之正，傾與之傾。"劉文典《淮南鴻烈集解》，頁 353，中華書局，1989 年。埴：泥。這句話的意思是，就像印章蓋在泥上，印章正，封泥上的形狀就正，印章歪，封泥上的形狀就歪。

　　《淮南子》：本名《鴻烈》，西漢時淮南王劉安（前 180—前 123）招致賓客集體編寫而成。劉向、劉歆父子校訂圖書，稱爲《淮南内》，放在《諸子略》中，因此被後人稱爲《淮南子》或《淮南鴻烈》。《齊俗訓》：《淮南子》篇名，記述寰宇風俗民情民性，道理都是一樣的，治理百姓要因勢利導，應時設教，依情況施行政治管理。

347 引文見《後漢書·百官志》，原文作："守宮令一人，六百石。本注曰：主御紙筆墨，及尚書財用諸物及封泥。"中華本，頁 3592。王引文乃"本注"文字。

348 古人璽印皆施於泥，未有施於布帛者：關於歷史上開始使用朱印的時間，新出土的考古資料證明，實際上要比文獻記載早得多。王人聰《印學五題》指出："1957 年，在長沙左家塘發掘一座楚墓出土的一件褐地矩文錦上，蓋有朱印，印呈長方形。由於印已殘缺，印文不能辨識，據推測可能是手工作坊的印記或係絲織品的標記。這座楚墓的年代據推斷係屬於戰國中期。1982 年，湖北荆州地區博物館發掘江陵馬山一號楚墓，在所出的一件菱形錦面綿袍的深黃絹裏，蓋有一方朱色正方形印，邊長 0.6 釐米。印文已無法辨識。在另一件對龍對鳳紋綉淺黃面綿袍的灰白絹裏，也蓋有朱印，長 0.7 釐米，寬 0.5 釐米，印文爲‘□’。此外，在同出的塔形紋錦帶上多處蓋有相同的朱印，印爲方形，邊長 0.9 釐米，印文作‘□’。這座楚墓的年代屬戰國中晚期。由以上這些考古資料，我們可以明確的斷定，印色的使用至遲可上溯到戰國中期。當年王國維撰寫《簡牘檢署考》一文時，由於資料所限，曾説‘古人璽印皆施於泥，未有施於布帛者’，這個説法，現在也可以根據新出的考古資料加以修正。”（《古璽印與古文字論集》，頁 232，香港中文大學文物館，2000 年）此條材料承李家浩先生指示，謹致謝忱。

349 引文見《太平御覽》卷六〇六《文部二二‧封泥書》，原文作：“《東觀漢記》曰：‘鄧訓嘗將黎陽營兵屯狐奴……故吏最貧羸者舉國，志訓嘗所服藥北州少乏，又知訓好青泥封書，從黎陽步推鹿車於洛陽市藥，還趙國易陽，并載青泥一襆，至上谷遺訓。’”中華書局本，頁 2729 上。

350 引文見《雲麓漫鈔》卷十二《四正旁通圖》，原文作：“古印文作白字，蓋用以印泥，紫泥封詔是也，今之米印及印倉敕印近之。自有紙，始用朱字。間有爲白字者，或不知其義。"中華書局，頁 222。

351 引文見《周禮‧地官‧載師》，原文作："凡宅不毛者，有里布。"鄭司農云："里布者，布參印書，廣二寸，長二尺，以爲幣，貿易物。……或曰：布，泉也。"《十三經注疏》，頁 726 下。《載師》這句話意思是説："凡住宅空地不種植桑麻的，就要交納賦税。"鄭司農解釋説："里布，是充當賦税的布，在布上寫字並加蓋三個封印，廣二寸，長二尺，用來作爲貨幣，進行物品的交易。……也有人認爲：布，就是錢。"

352 引文見《漢書‧終軍傳》，原文作："初，軍從濟南當詣博士，步入關，關吏予軍繻。軍問：'以此何爲？'吏曰：'爲復傳，還當以合符。'軍曰：'大丈夫西游，終不復傳還。'棄繻而去。"中華本，頁 2819～2820。這是説，把守關卡的官吏交給終軍帛製的符。繻：帛的邊緣部分。因爲使用木質的符傳很麻煩，就將帛的邊緣撕開，可以拼合充當符傳。

353 引文見竇臮《述書賦》卷下，原文作："印驗則玉斸胡書，金鐫篆字。少能全一，多不越四。國署年名，家標望地。獨行龜益，並設竇臮。貞觀開元，文止於二。陶安、東海，徐李所秘。萬言方寸，翰圉攸纇。張氏永保，任氏言事。古小雌文，東朝周顗。"原文在"胡書""龜益""竇臮""於二""所秘""方寸""攸纇""永保""言事""周顗"等字下，都有相應印章的附圖，這裏不方便表示。請參見唐張彥遠《法書要録》，范祥雍點校，

啓功、黃苗子參校，頁 206～207，人民美術出版社，
1984 年。玉斲胡書：太平公主武氏家藏玉印，印文爲四
個胡字"三藐毋馱"。斲：音 zhuó，斫，雕刻。東朝：指
東晉。周顗：字伯仁，時任尚書左僕射。《述書賦》附印
爲："周顗"。

《述書賦》：品評歷代書法家。竇臮（音 jì）：字靈長，
扶風（今陝西扶風）人，唐代天寶年間書法家。哥哥竇
蒙，也是一位書法家。

354 《魏書·盧同傳》記，盧同見吏部勳簿紀錄多誤，人多
竊冒軍功，乃奏書改訂方法。原文作："請遣一都令史
與令僕省事各一人，總集吏部、中兵二局勳簿，對勾奏
按。若名級相應者，即於黃素楷書大字，具件階級數，
令本曹尚書以朱印印之。明造兩通，一關吏部，一留兵
局，與奏按對掌。……今請征職白民，具列本州、郡、
縣、三長之所；其實官正職者，亦列名貫，別錄歷階。
仰本軍印記其上，然後印縫各上所司，統將、都督並皆
印記，然後列上行臺。"中華本，頁 1682。

355 引文見《隋書·禮儀志》，原文作："又有'督攝萬機'
印一鈕，以木爲之，長一尺二寸，廣二寸五分。背上爲
鼻鈕，鈕長九寸，厚一寸，廣七分。腹下隱起篆書爲
'督攝萬機'，凡四字。此印常在內，唯以印籍縫。用則左
戶郎中、度支尚書奏取，印訖輸內。"中華本，頁 239。

356 引文見《北齊書·陸法和傳》，原文作："梁元帝以法和
爲都督、郢州刺史，封江乘縣公。法和不稱臣，其啓文
朱印名上，自稱司徒。"中華本，頁 429。

357 《釋名》書名後，手稿本標出卷數"三"，但實應爲卷
六，雲窗本、遺書本不標卷數。參見注 294。

358 參見注 297。

359 引文見《通典》卷五十八《禮十八·嘉三·公侯大夫士
婚禮》，原文作："後漢鄭衆《百官六禮辭》……六禮文
皆封之，先以紙封表，又加以皁囊，著篋中。又以皁衣
篋表訖，以大囊表之。題檢文言：謁篋某君門下。其禮
物，凡三十種。各内有謁文，外有贊文各一首。封如禮
文，篋表訖，蠟封題，用皁帔蓋於箱中，無大囊表，便
題檢文言：謁篋某君門下。便書贊文，通共在檢上。"中
華點校本，頁 1649~1650。中華影印本，頁 336 下：文
字與點校本基本相同，少了一個"大"字。

　　"題檢文言"，王文引作"題檢上言"。前一"謁篋
某君門下"，王文引作"謁表某君門下"。"其禮物"，王
文引作"某禮物"。"凡三十種"："凡"遺書本、雲窗本
脫，今據手稿本補。"各内有謁文"，王文引作"各有謁
文"。（參見第 137 頁插圖）

360 引文見《通典》卷五十八《禮十八·嘉三·公侯大夫士
婚禮》，原文作："東晉王堪《六禮辭》，並爲贊頌。儀
云：於版上各方書禮文，壻父名、媒人正版中，納采於
版左方。裹以皁囊，白繩纏之，如封章，某官某君大門
下封，某官甲乙白奏，無官言賤子。"中華點校本，頁
1651。中華影印本，頁 337 上。"某君"之"某"，遺書
本脫，據雲窗本、手稿本補。

361 漸：據手稿本補。

徵引書目一覽表

（按照引書先後順序）

1. 《王國維遺書》，王國維原著，上海古籍書店據商務印書館 1940 年版影印，1983 年。

2. 《十三經注疏》，清阮元主持校刻，中華書局，1980 年。

3. 《韓詩外傳集釋》，許維遹撰，中華書局，1980 年。

4. 《史記》，西漢司馬遷撰，南朝宋裴駰集解，唐司馬貞索隱，唐張守節正義，中華書局點校本，1982 年。

5. 《漢書》，東漢班固撰，唐顏師古注，中華書局點校本，1962 年。

6. 《說文解字》，東漢許慎撰，中華書局影印，1963 年。

7. 《論衡校釋》，黃暉撰，中華書局，1990 年。

8. 《文心雕龍校證》，王利器撰，上海古籍出版社，1980 年。

9. 《通典》，唐杜佑撰，中華書局 1984 年影印商務印書館萬有文庫十通本。另，中華書局王文錦等點校本，1988 年。

10. 《後漢書》，南朝宋范曄撰，唐李賢等注，中華書局點校本，1965 年。

11. 《穆天子傳》，晉郭璞注，上海古籍出版社影印，1990 年。

12. 《鹽鐵論校注》，王利器撰，中華書局，1992 年。

13.《隋書》，唐魏徵等撰，中華書局點校本，1973 年。

14.《國語》，上海師範大學點校本，上海古籍出版社，1978 年。

15.《獨斷》，東漢蔡邕撰，《漢魏叢書》本，吉林大學出版社，1992 年。

16.《南齊書》，南朝梁蕭子顯撰，中華書局點校本，1972 年。

17.《玉海》，宋王應麟編，江蘇古籍出版社、上海書店影印，1987 年。

18.《古今注》，西晉崔豹撰，《四部叢刊》三編，上海商務印書館影印，1936 年。

19.《太平御覽》，宋李昉等編，中華書局影印，1960 年。

20.《老子校釋》，朱謙之撰，中華書局，1984 年。

21.《北京圖書館藏中國歷代石刻拓本彙編》第一冊，北京圖書館金石組編，共 100 冊，中州古籍出版社，1987 年。

22.《戰國策》，西漢劉向編，上海古籍出版社點校本，1978 年。

23.《楚辭補注》，宋洪興祖撰，中華書局，1983 年。

24.《韓非子新校注》，陳奇猷撰，上海古籍出版社 2000 年。

25.《釋名疏證補》，王先謙撰，上海古籍出版社影印，1984 年。

26.《晉書》，唐房玄齡、褚遂良等撰，中華書局點校本，1974 年。

27.《日知錄集釋》，清顧炎武撰，清黃汝成集釋，上海古籍出版社影印，1985 年。另，花山文藝出版社欒保群、呂宗力校點本，1990 年。

28.《東觀餘論》，北宋黃伯思撰，中華書局 1985 年輯印商務印書館《叢書集成初編》第 1594 冊。

29.《雲麓漫鈔》，南宋趙彥衛撰，中華書局《唐宋史料筆記叢刊》本，1996 年。

30.《周禮正義》，清孫詒讓撰，中華書局，1987 年。

31.《大戴禮記解詁》，清王聘珍撰，中華書局，1983 年。

32.《越絕書》，樂祖謀點校，上海古籍出版社，1985 年。

33.《管子校釋》，顏昌嶢撰，嶽麓書社，1996 年。

34.《匡謬正俗》，唐顏師古撰，中華書局 1985 年輯印商務印書館《叢書集成初編》第 1170 冊。《匡謬正俗平議》，劉曉東撰，山東大學出版社，1999 年。

35.《西京雜記校注》，向新陽、劉克任撰，上海古籍出版社，1991 年。

36.《急就篇》，西漢史游撰，唐顏師古注，嶽麓書社，1989 年。

37.《説文解字注》，段玉裁撰，上海古籍出版社影印，1981 年。

38.《説文解字繫傳》，南唐徐鍇撰，中華書局 1987 年影印清道光年間祁寯藻刻本，祁本據清顧千里所藏影宋鈔本和汪士鐘所藏宋槧殘本校勘而成。

39.《藝文類聚》，唐歐陽詢等編，上海古籍出版社，1965 年。

40.《一切經音義》，唐玄應撰，中華書局 1985 年輯印商務印書館《叢書集成初編》第 0739 冊至 0744 冊。

41.《漢官六種》，周天游點校，中華書局，1990 年。

42.《唐六典》，中華書局點校本，1992 年。

43.《三國志》，西晉陳壽撰，南朝宋裴松之注，中華書局點校本，1959 年。

44.《秦漢金文彙編》，孫慰祖編，上海書店，1997 年。

45.《秦漢瓦當》，傅嘉儀編，陝西旅遊出版社，1999 年。

46.《文選》，南朝梁昭明太子編，中華書局影印，1977 年。

47.《初學記》，唐徐堅等編，中華書局，1962 年。

48.《蔡中郎集》，《四部叢刊》初編，第 132 冊。

49.《經義述聞》，清王引之撰，江蘇古籍出版社，2000 年影印
道光十年本。

50.《廣雅疏證》，清王念孫撰，江蘇古籍出版社，2000 年影印
王氏家刻本。

51.《墨子閒詁》，清孫詒讓撰，中華書局，1986 年。

52.《晏子春秋集釋》，吳則虞撰，中華書局，1962 年。

53.《長沙走馬樓三國吳簡》，文物出版社，1999 年起。

54.《南史》，唐李延壽撰，中華書局點校本，1975 年。

55.《六書故》，元戴侗撰，臺灣商務印書館 1986 年影印文淵
閣四庫全書第 226 冊。

56.《舊唐書》，中華書局點校本，1975 年。

57.《宋本廣韻》，中國書店影印，1982 年。

58.《積古齋鐘鼎彝器款識》，清阮元編撰，清光緒五年刻本。

59.《金石屑》，清鮑昌熙編撰，清光緒三年自序刊本。

60.《大廣益會玉篇》，南朝梁顧野王撰，中華書局影印，1987 年。

61.《説苑疏證》，趙善詒撰，華東師大出版社，1985 年。

62.《封泥考略》，吳式芬、陳介祺合輯，中國書店影印清光緒
三十年版，1990 年。

63.《吕氏春秋新校釋》，陳奇猷撰，上海古籍出版社，2002 年。

64.《淮南鴻烈集解》，劉文典撰，中華書局，1989 年。

65.《述書賦》，唐竇臮撰，《法書要録》，范祥雍點校，啓功、黃苗子參校，人民美術出版社，1986 年。

66.《北齊書》，唐李百藥撰，中華書局點校本，1972 年。

67.《魏書》，北齊魏收撰，中華書局點校本，1974 年。

附　　録

齊魯封泥集存序

　　癸丑季秋，羅叔言參事將印其所藏封泥拓本，屬余爲之編次，並序之曰：自宋人始爲金石之學，歐趙黃洪，各據古代遺文，以證經考史，咸有創獲。然塗述雖啓，而流派未宏，近二百年，始益光大，於是三古遺物，應世而出。金石之出於丘隴窟穴者，既數十倍於昔，此外如洹水之甲骨，燕齊之陶器，西域之簡牘，巴蜀齊魯之封泥，皆出於近數十年中。而金石之名，乃不足以該之矣。之數者，其數量之多，與年代之古，與金石同，其足以證經考史，亦與金石同，皆古人所不及見也。……

　　凡此數端，皆足以明一代之故，發千載之覆，決聚訟之疑，正沿襲之誤，其於史學，裨補非鮮。若夫書跡之妙，冶鑄之精，千里之潤，施及藝苑，則又此書之餘事，而無待贅言者也。至封泥之由來，與其運用，詳余《簡牘檢署考》。其出土源流，則羅叔言先生序中詳之，並不贅云。

　　古之書簡，以木爲之，兩牘相合，而纏之以繩，上刻繩道以容繩，又刻方孔以容封泥，繩自繩道而交錯於方孔中，然後置封泥而加璽印焉。《論衡》所謂"簡繩檢署"是也。故古璽字從土，《説文‧土部》："璽，王者之印也，以主土，故從土，爾聲，籀文从玉。"段氏注云："籀文從玉，則知從土者古文。"其説是也。惟許君謂以主從土故土，則頗不然。古者上下所用印，通謂之璽，璽非守土者所專有，蓋璽印之用，不能離封泥。故其字從玉，統而從玉之璽與從金之鉨，以其體言；從土之璽，則以其用言也。古書簡用木，非有封泥，則璽印無所施。《吕氏春秋‧離俗覽》云：民之於上也，若璽之於塗也，抑之以方則方，抑之以圓則圓。《淮南子‧齊俗訓》亦曰："若璽之抑埴，正與之正，傾與之傾。"古人璽印皆施土泥，未有施於絲帛者。考《續漢書‧百官志》，少府屬官有守宫令，"主御紙筆墨，及尚書財用及封泥。"故封禪玉檢，經水銀和金爲泥，石檢則末石和方色土爲泥。天子詔書封以武都山紫泥，平人或用青泥（《太平御覽》引《東觀漢紀》鄧訓事）。其實一切粘土皆可用之。自廢簡牘而用紙案，封泥亦與之俱廢。訖於後世，視古代璽印，若施於絲素者，蓋不知有封泥之物矣。故道光間，蜀中始掘得封泥數十枚，爲劉燕庭方伯所得，吴荷屋中丞《筠清館金文》與趙捣叔司馬《讀寰宇訪碑録》，均著録數枚，謂之印範。嗣時齊魯之間，出土愈多，大率歸陳壽卿編修與吴子苾閣學，始知爲古代封泥，於是有封泥考略之作。然世人猶或以爲古人土封苞苴之泥，即知爲封書之物，亦不能詳其用法。自余觀匈牙利人斯坦因所得于闐古書牘，始悟漢時中原書牘制度略同，證以古籍，一一皆合，語詳《簡牘檢署考》。可知古代遺物，須數十年及數十人之力而後明，若是乎考古之不易也。

斯坦因所得長城故址漢簡

斯坦因博士第二次遊歷中亞細亞時，於敦煌西北古長城故址，得漢代木簡數千枚，其文字可讀者尚近千枚。攜歸英倫後，即刻寄法國沙畹教授處，屬其考訂。早有發行之説，至今未果。蓋簡數太多，盡失編次，欲整齊次第，復還舊觀，良非易事。其遲遲出版，非無故也。

長城古簡中有字書，然非《急就篇》，意當爲《倉頡》《凡將》《訓纂》《滂喜》諸書也。考漢時版牘，但爲奏事移文通問之用，其寫書皆用竹帛。此乃用木，蓋西北少竹，故以木代之歟。

斯氏此行，又於長城遺址下掘得漢帛二條。一條廣漢尺尺許，長寸許，其上有二十八字，云“任城國古父綢一匹，幅廣二尺二寸，長四丈，重廿五兩，直錢六百一十八”。其一條廣漢尺二尺二寸，長寸許，綢有波紋。此三年前余友自巴黎貽書來言如此。然古綢字非帛名，疑本文當作紬。又漢任城國食任城、樊、亢父三縣。“古父”本文，當作“亢父”。至此紬所記之長短廣狹價值均與古書所記者密合，余另有《古代布帛修廣考》，文繁不録。

簡牘出土之事

簡牘出土之事，古代亦屢有之。其最古而又最富者，爲晉太康中之汲冢書，存今者僅有《竹書紀年》及《穆天子傳》二種。而《紀年》一書已非原本，《穆天子傳》雖未有竄亂之事，然其中古字不似周代古文，而反似魏晉三體石經中古文及《僞古文尚書》，則其書之果爲汲冢原書否，與當時荀勗、束晳等果能真識古文，及能正確寫定否，尚一疑問也。與汲冢書同時出土者，當有漢明帝顯節陵中册文，則不過一簡。又南齊時襄陽人發楚王冢，得《考工記》十餘簡。惟宋政和中，關右人發地，得竹木簡一甕，往往散亂，惟討羌符文字尚完，後其簡入梁師成家。《三朝北盟會編》載靖康中金人所索宋內府重器，有木簡一項，則當時所得者，後爲金人輦之而北矣。以數次出土者，較之斯坦因氏所得，除汲冢外，其餘皆瑣屑不足道數。即以汲冢書論，則《穆天子傳》《紀年》二書，皆周初或古代事，自不能盡信。斯氏所得，則皆漢晉人之簿書公牘，紀當時事者，較之史書之成於後人手者，尤爲可貴。又古代未有攝影之術，印刷之法，流傳之道，惟賴釋文。而魏晉之交，古文絶學，以隸定古，蓋難盡信，故原本既亡，其書即熄。今則簡牘西去，印本東來，其可讀可釋，可久可傳，殆無異於原物。此今日藝術之進步，而爲古人所不可遇者也。

木簡之長者爲尺牘

木簡之長者，得漢建初尺一尺五寸許，其餘大抵長一尺，即所謂尺牘是也。其形制之異者，有觚有簿。觚有作三稜形，以一面廣者爲底，而以二狹面向上，自其端望之，則成一純角二等邊三角形。羅叔言參事據古代盛酒之觚及宮室之觚稜，證觚之確爲三面，以正顏師古觚爲六面或八面之説，其論篤矣。簿則短而廣，前絀後直，與笏形相似，余據《漢書·武五子傳》《蜀志·秦宓傳》及杜預《左傳注》，證此種簿，非徒用以記事，且以代手板之用，與周人用笏以書思對命同意。皆足以補正余前作《簡牘檢署考》之不足者也。

簡 中 書 體

簡中書體，有小篆（僅二簡），有隸書，有草隸，有章草，而天漢三小一簡，隸書極草率，筆勢方折，竟似正書。草隸向惟於漢陶器墓磚中略見一二，簡中此體極多。章草則於王莽時簡中已見之，而草隸與章草，亦無甚界限，亦猶章草之於後世之草書也。漢人墨迹，自六朝之末至於唐宋久已無存，《淳化閣帖》所刻張芝等書，實爲幾經傳摹之本。吾儕生千載後，反得見漢人手迹，不可謂非奇遇也。

按：本書付印前看到趙利棟輯校《王國維學術隨筆》（社

會科學文獻出版社，2002 年）《東山雜記》卷一中有幾則與《簡牘檢署考》相關的資料。《東山雜記》是王國維發表在日本人所辦的《盛京時報》上的學術劄記，自 1913 年 7 月 12 日至 1914 年 5 月 5 日連載。現將有關部分作爲附錄輯入。

胡平生

2004 年 10 月

後　記

　　要真正讀懂王國維先生的《簡牘檢署考》，並不是一件容易事。記得初次讀這篇名作還是 60 年代我在北京大學古典文獻專業當學生的時候，那時顯然是沒有讀明白的。70 年代末回北大上研究生時重讀，當時除了《流沙墜簡》、居延漢簡之外，又新出土了雲夢睡虎地秦簡、長沙馬王堆漢墓簡牘帛書、臨沂銀雀山漢簡等秦漢簡牘，結合實物來讀有不少收穫，但仍覺得許多地方似懂非懂。1981 年後到了國家文物局古文獻研究室（後轉爲"中國文物研究所"），專門從事古代簡牘的整理與研究，在做了 20 多年簡牘的工作之後，這才覺得算是讀懂了，並且有了一點發言權。1990 年，中華書局的同仁們合作校點《王國維先生全集》，拉我入夥，分配給我的篇目中就有《簡牘檢署考》。他們説，你搞簡牘這麼久了，這一篇非你莫屬。那年的夏天異常炎熱，我躲在斗室中，汗流浹背地幹了一個多月，仔仔細細地將這篇宏文校訂了，完成了派給我的任務。不過，後來準備出書的出版社不知發生了什麼變故，我們校點的《全集》至今也沒能印出來。

　　1991 年，我到日本關西大學作訪問學者，參加大庭脩教授的"簡牘研讀班"活動，好些學生都跟我説《簡牘檢署考》

很難讀，向我打聽有没有好的注解本。後來，我到歐美和港臺地區訪問講學時，也有不少學者和學生問起《簡牘檢署考》，我介紹説我們已經做了一個點校本，他們説你就乾脆再做一個詳注本吧！聽到這麽多的呼聲後，的確讓我怦然心動。2001年夏，我和甘肅文物考古研究所副所長張德芳合編的《敦煌懸泉漢簡釋粹》在上海古籍出版社出版，我們對上海古籍社的高效的工作和認真負責的精神深感欽佩。上海古籍出版社副社長兼副總編張曉敏先生熱心地説，今後我們繼續合作。接下來在長沙召開"簡牘發現百年暨走馬樓三國吳簡研討會"前後，我們又有幾次機會在一起長談。我説到，現在簡牘出土這麽多，簡牘研究成爲"顯學"，《簡牘檢署考》是"簡牘學"開山之作，海内外很多人都希望《簡牘檢署考》有個好的注釋本，如果你們有意出版，我就動手去做。曉敏立即表示大力支持，説：好啊，我們社的《蓬萊閣叢書》很受大學生、研究生歡迎，你做好了，我們就收入這套叢書。我很受鼓舞，這時我申報的國家文物局課題《簡牘學概要》也獲得了批准，我便將《簡牘檢署考校注》列入課題工作中。《校注》就這樣啓動了。

我請了研究生畢業、剛剛到北大圖書館的馬月華同學一起工作。月華是李家浩先生的碩士生，我參加過她的碩士論文答辯會，知道她的程度相當不錯，做事又勤快又認真。月華以數月之功先做了一個注釋的初稿，我再做第二稿。從2001年起，我們四易其稿，小的增删更改不計其數，通過電話、電子郵件、"小紅馬"快遞使我們有可能以最快的、最有效的方式討論研究，反復斟酌。我們終於在 2003 年初基本完成了這項工作。應當説，月華這幾年在《校注》上是傾注了大量的心力的。

　　《校注》的《導言》是在我以前寫的小文《簡牘制度新探》的基礎上完成的。那篇小文發表在《文物》月刊 2000 年第 3 期上。由於使用電腦寫作，許多文獻資料從網上檢索、複製、粘貼，後來又有繁體轉簡體、簡牘形制材料改爲列表等編改，我又没有認真校對清樣，出現許多脱衍錯訛。小文發表後，歷博館一位老先生在《文物》上刊登一信，批評我引用文獻錯誤太多。我願在此特別表示對這位先生的衷心的感謝。《導言》寫作斷斷續續也拖了近一年，我帶着草稿跑了半個地球，最後是在蘭州參加甘肅省文物考古研究所組織的敦煌懸泉漢簡釋文總校工作時，在蘭州飯店的客舍中完成的。2003 年 3 月初，我將稿子交到了上海古籍出版社，很榮幸地遇到了我們這本書的責任編輯蔣維崧先生。數月後，當我接到蔣先生寄回的經過編改的稿子就更爲吃驚了。原稿上已經密密麻麻地批滿了審讀意見，還夾了數十張簽條，寫着修改建議。我還從來没有見過這樣認真的責編！後來，我與月華按照他的意見，又仔仔細細地加以校對、覆核、改訂，這才是現在這部《校注》的樣子。我們真是非常感謝蔣維崧先生崇高的敬業精神和卓越的工作。

　　我們還要感謝日本學者、埼玉大學教授籾山明先生，他爲我影印了最初刊登《簡牘檢署考》的日本京都文學會雜誌《藝文》資料。相比而言，我們試圖在一家圖書館弄到王國維手稿圖影的經歷就太艱難了。記得20世紀80年代初，我爲整理阜陽雙古堆漢簡《蒼頡篇》，曾多次和這家圖書館的善本部打過交道，我看過他們收藏的王國維的許多手稿。那時候我的一位學長在善本部負責，但我從來沒有找他"開後門"，因爲不需要這麼做，"公事公辦"就大體都可妥帖。可時過20多年，再到這個硬件、軟件都大大升級的地方，當我們希望得到《簡牘檢署考》手稿圖影時，沒想到事情竟會變得如此複雜。一開始館方說只能提供用於研究的圖影，按70元錢一張的價格收費；當我請示了有關部門獲得批准後，他們又拒絕了我們，說是交費也不行，更不能提供用於出書的圖影。如果是出版社需要，要如此這般論價。月華爲了這件事幾次去聯繫，辛苦奔波，最終還是無功而返。那幾天，我一直感到十分鬱悶。我忽發奇想，準備到巴黎去追尋王國維寄給沙畹的手稿，沒準在異國的圖書館中獲得一份影本還比"我們自己"的圖書館來得容易些！嘮嘮叨叨講這些過程，我並沒有譴責人家的意思，工作人員一定也是照章行事，可惡的是那"章程"！

我們還由衷地感謝李學勤先生賜序。從70年代末跑到社科院研究生院旁聽李先生講課，到紅樓古文獻研究室聽李先生侃侃而談，每次都令人有"聽君一席言，勝讀十年書"之感。李先生一向十分重視簡帛整理與研究。他在給湖北教育出版社出版的《新出簡帛研究叢書》寫的《總序》中寫道："簡帛書籍的發現作爲學術的前沿，帶動了不少學科的進步，影響是多方面的"，"目前簡帛書籍的研究正是方興未艾，不斷有新材料出現發表，內容珍異，種類繁多，促使整理與研究工作在深度和廣度上都在繼續發展，新的成果層出不窮。"他對我們的幫助和支持是很多的。我們研究所搞改革，一度有方案説要取消我們這個長期從事簡帛等出土文獻整理的部門，歸併精簡。一天，我正好找李先生講稿子的事情，也憂心忡忡地把這些情況告訴了李先生，他立即説，那怎麼行！態度很鮮明。那天，他很俠義地表示，有機會一定幫我們向有關領導呼籲。我們自己到了存亡攸關的時刻，當然也聲嘶力竭地大聲疾呼，研究所和國家文物局的領導從善如流，變更了方案，"古文獻"又保存了下來。

　　我們還要感謝李家浩先生，他爲我們通看了《校注》文稿，提出了不少很好的修改意見，像江陵馬山一號楚墓出土的絹上蓋有朱印的資料及王人聰先生在香港中文大學發表的論文，也都是他告訴我們的。

　　最後，我們感謝張曉敏副總編在本書編撰、出版過程中的傑出的組織協調工作，我想就用他幾年前的這句話作爲這篇《後記》的結束語吧——"今後我們繼續合作！"

胡平生

2004 年 8 月

再版後記

我們的《（王國維）簡牘檢署考校注》經過一年多的修補增訂，終於要付梓了。這是此書出版後第一次再版、第一次增訂，雖然最終我們的增補不是很大，但過程卻有點複雜。此書出版後，不料很快售罄，出版社自然建議我們再版，可是我們當時各自忙於手頭的雜事，竟然沒有時間來做修訂再版的工作，此等好事便一拖再拖地延宕下來。期間，韓國金慶浩教授來接洽此書韓文版的翻譯出版事宜，我們向上古社請示，答曰：你們的合同期已過，自便。沒想到，還"躲過"了一次繁瑣。

直到2023年，我們手頭的工作都告一段落，此書的修訂再版終於提上日程。5月27日，胡平生爲參加朱鳳瀚先生主持的，上古與北京大學歷史學系、北京大學出土文獻與古代文明研究所在世紀出版園聯合舉辦的《北京大學藏秦簡牘》新書發佈暨學術座談會，來到上海。上古三編室副主任毛承慈博士帶了一位女士陳麗娟來見，她過來是爲聯絡《簡牘檢署考校注》的合同及修訂再版事宜。胡平生因爲幾次參加朱鳳瀚先生組織的北大藏秦簡釋文注釋的審校，認識了一次次風塵僕僕從滬到京的責編毛承慈，知道她是一位非常盡心盡責的好編輯。由於對她的信任，也就自然而然信任了她介紹的陳麗娟。

我們的修訂工作進行得不是很順利。起初，胡平生和馬月華達成一個共識，覺得原來的"校注"過於繁瑣，一致決定加以删削。馬月華費了很大氣力，將原稿一遍一遍删到她比較滿意爲止，過去的注文删削了一大半。稿子交到胡平生手裏時，他起初很高興，覺得完全合乎他們最初的想法。不過胡平生很快又猶豫了，感到有點"傷筋動骨"，與原來的校注太不一樣。胡平生試着做了一些"恢復"，同時也徵求責編陳麗娟女士的意見。不料她比胡平生更"激進"，"恢復"得更多。而且她說又徵求了她們編輯室負責同志的意見，也表示不宜删削太大。這樣經過幾個回合的删減又增補，最終結果居然是删減得十分有限。

我們修訂工作的第二個要點是對最近幾十年的出土簡牘所涉及的簡牘制度資料作一簡單的總結。最後，選取與王國維著作最密切相關的簡牘長度、簡牘制度三大新發現爲切入點加以陳述。既爲王著做補充與訂正，又帶上了時代的新資訊、新成果。當然，這是我們的良好願望，囿于我們的水準，做得好不好又當別論了。我們的修訂，增補了若干圖例，這對於幫助讀者理解王文當然是很有意義的，我們要特別感謝提供資料的張春龍研究員、盧軒研究員、于芹研究員。

最後，我們願對我們的責編陳麗娟女士表示深深的感謝，她心地善良，很能爲作者着想，工作認真負責，總能有效地幫助我們解決問題。我們也非常感謝上古三編室副主任毛承慈、二編室主任曾曉紅、編輯室分管領導胡文波副總編和呂健社長。沒有以上各位領導的擔待和支持，此書的修訂再版是不可能的。劉紹剛兄於百忙之中題署書名，不勝感激。

作　者

2024 年 12 月 22 日